AF308836

ARMOIRIES

DES

DUCS,

ET DE CEUS QUI ONT

LES HONEURS DU LOUVRE

En Juillet 1722.

ARMOIRIES

DES

DUCS

... QUI SONT ...

... AU LOUVRE ...

DES DUCHÉS-PAIRIES,
des Duchés simples & des Contés-Pairies.

IL n'y avoit autrefois que douze Pairs de France, fis Sèculiers & fis Eclèfiaftiques.

Des fis Sèculiers, trois ètoient Ducs & trois ètoient Contes.

Les trois Ducs-Pairs Sèculiers ètoient

Le Duc de BOURGOGNE.

Le Duc de NORMANDIE.

Le Duc de GUIENE.

Les trois Contes-Pairs Sèculiers ètoient

Le Conte de TOULOUSE.

Le Conte de FLANDRES.

Le Conte de CHANPAGNE.

Des fis Eclèfiaftiques, trois ètoient Ducs, & trois ètoient Contes.

Les trois Ducs-Pairs Eclèfiaftiques ètoient

L'Archevêque de REIMS.

L'Evêque de LAN.

L'Evêque de LANGRE.

Les trois Contes-Pairs Eclèfiaftiques ètoient

L'Evêque de BAUVAIS.

L'Evêque de CHALONS.

L'Evêque de NOYON.

Les Gouverneurs des Provinces & des principales Viles fe nomoient autrefois Ducs ou Contes, ils fe rendirent Souverains & hèreditaires fous les derniers Rois de la Maifon de CHARLEMAGNE.

Les Vaffaus qui relevoient immèdiatemant d'un Prince s'affanbloient tous avec lui pour decider des plus importantes afaires de fon Etat, & pour terminer les procès les plus confiderables, & come ils ètoient tous ègaus & pareils entre eus, on les nomoit Pairs de la Cour du Prince.

Il y a plufieurs opinions fur l'origine des douze anciens Pairs de France, la plus probable eft qu'ils furent ètablis l'an 1179, lorfque le Roi LOUIS le Jeune fit facrer fon fils Filipe, que depuis on a nomé Filipe-Augufte. On croit que ce fut anviron cète anée-là, parce que ceus qui poffedoient alors ces douze Pairies tant les Sèculiers que les Eclèfiaftiques, ètoient prefque tous parans du Roi; ce qui fait croire que ce fut à l'ocafion du Sacre que le nonbre & le rang des Pairies furent reglés; eft que dans les cèrèmonies du Sacre la prèfèance ne fe regloit autrefois que par le rang des des Pairies, par exanple au Sacre de CHARLE VI. Filipe Duc de BOURGOGNE en qualité de prèmier Pair, prècèda LOUIS Duc d'Anjou qui ètoit fon frère aîné & Règent du Royaume.

Des fis Pairies Sèculieres, il y en a cinq rèünies depuis longtans à la Courone, comme on peut voir dans notre Carte des Rèünions, & pour la fifième qui eft le Conté de Flandres, FRANSOIS I. cèda à CHARLE-QUINT tous les Droits qu'il y avoit; mais le Roi LOUIS le Grand en a repris la meilleure partie, & les Holandois en ont pris une partie fur le Roi d'Efpagne.

Les fis anciens Pairs Ecléfiaftiques fubfiftent toujours; & come les fis Seculiers ne fubfiftent plus, on choifit de grands Seigneurs pour faire leurs fonctions au Sacre des Rois, ainfi au Sacre de LOUIS XIV. en 1654.

Monfieur reprèfenta le Duc de BOURGOGNE.

Le Duc d'Elbeuf reprèfenta le Duc de NORMANDIE.

Le Duc de Vandôme reprèfenta le Duc de GUIE'NE.

Le Duc de Bournonvile reprèfenta le Conte de TOULOUSE.

Le Duc de Rouanais reprèfenta le Conte de FLANDRES.

Le Duc d'Epernon reprèfenta le Conte de CHAMPAGNE.

A la place des anciènes Pairies rèünies à la Courone, les Rois ont créé plufieurs Duchés & Contés-Pairies, d'abord pour des Princes du Sang, anfuite pour des Princes de Maifons Souveraines, puis pour des Gentilshomes.

Le Roi Filipe le Bel voyant que plufieurs anciènes Pairies Sèculieres étoient rèüniesà la Courone, en érigea trois nouvèles en Septembre 1296. Savoir le Duché de Bretagne, le Conté d'Anjou, & le Conté d'Artois.

Dans la fuite les Rois ont èrigé plufieurs nouvèles Pairies & des Duchés fans titres de Pairie.

Ces èrections ne fe faifoient d'abord que pour des Princes du Sang, Les premieres Pairies qui ont èté èrigèes pour des Princes ètrangers, font le Conté de Nevers qui fut fait Pairie en 1505 pour Engilbert de Clèves, Nemours qui fut fait Duché-Pairie en 1507 pour Gafton de Fois, & Guife qui fut fait Duché-Pairie en 1527 pour Claude de Loraine.

Le prèmier Duché-Pairie èrigé pour un Gentilhome eft Monmoranci, qui fut èrigé en 1551 pour Ane de Monmoranci Conètable de France.

Le premier Duché fimple èrigé pour un Prince ètranger eft Bar en 1357, & le premier Duché qui ait èté donné à un finple Gentilhome ètranger eft celui de Touraine doné en 1423 à Douglas Ecoffois.

On vèra dans nos Cartes tous les Duchés-Pairies, les Duchés fimples & les Contés-Pairies qui ont èté èrigès par nos Rois.

Il y en a plufieurs qui ont été rèünis à la Courone, d'autres qui font èteins & d'autres qui fubfiftent.

Quand une Tère a èté èrigée par le Roi en Duché-Pairie, en Conté-Pairie ou en Duché finple, le Titre paffe aus anfans fi les Lètres ont èté anregiftrèes en quelque Parlemant du Royaume. S'il n'y a point eu d'anregiftrement le Titre ne paffe point aus anfans, ordinairement il eft porté par les Letres Patantes que le Titre paffera aus anfans mâles, quelquefois il eft porté qu'il paffera auffi aus filles, & alors ces Duchès fe noment des Duchès-femèles; mais cète grace s'accorde très-rarement.

Le Roi LOUIS le Grand, pour ne laiffer aucun doute fur cet article a dèclaré par un Edit de Mai 1711, fa volonté en ces termes.

Par les termes d'Hoirs & Succeffeurs, & par le terme d'Aïant Caufe tant inférés dans les Lètres d'Erection ci-devant acordées, qu'à inférer dans cèles qui pouroient être acordées à l'avenir, ne feront & ne pouront être entendus que les anfans mâles defcendus de celui en faveur de qui l'Erection aura èté faite, & les Mâles qui en feront defcendus de mâles en mâles en quelque ligne & dègré que ce foit.

Les Claufes gènèrales inférées ci-devant dans quelques Lètres d'Erection de Duché & Pairie en faveur des femèles, & qui pouroient l'être à l'avenir, n'auront aucun èfet qu'à l'ègard de cèle qui de-

fcendra & fera de la Maifon & du nom de celui en faveur duquel les
Lètres auront èté acordées, & à la charge qu'èle n'èpoufera qu'une perfone que Nous jugerons digne de poffèder cét honeur, & dont Nous au-
rons agrèè le Mariage par des Lètres Patantes adreffées au Parlemant de
Paris, & qui porteront confirmation du Duché en fa perfone & en cèle
de fes defcendans mâles, & n'aura ce nouveau Duc rang & fèance que
du jour de fa reception audit Parlemant fur nofdites Lètres.

Permetons à ceus qui ont des Duchés & Pairies d'en fubftituer à per-
petuité le Chef-lieu avec une certaine partie de leur revenu jufqu'a 15 mil
livres de rente aufquèls le Titre & dignité defdits Duchès & Pairies de-
meurera annexé fans pouvoir être fujet à aucunes dètes ni dètractions de
quelque nature qu'èles puiffent être, après que l'on aura obfervé les for-
malités prefcrites par les Ordonances pour la publication des Subftitu-
tions, à l'èfet de quoi dèrogeons au furplus à l'Ordonance de Moulins
& à cèle d'Orleans, & à tous autres Ordonances, ufages & Coûtumes
qui poûroient ètre contraires à la prèfante difpofition.

Permètons à l'aîné des Mâles defcendans en ligne directe de celui en
faveur duquel l'Erection dés Duchès & Pairies aura èté faite, ou à fon
dèfaut ou refus à celui qui le fuivra immèdiatemant, & anfuite à tout autre
mâle de degré en degré de les retirer des filles qui fe trouveront en être
proprietaires en leur en ranbourfant le pris dans fix mois fur le pied du
revenu du denier 27 du revenu actuel, & fans qu'ils puiffent être reçus
en ladite dignité qu'après en avoir fait le payemant rèel & effectif, &
en avoir raporté la Quitance.

Quand une Tère eft èrigée en Pairie & que les Lètres font anregiftrées
au Parlemant, les Apèlations du Juge du Seigneur vont droit au Parlemant dans le reffort duquel la Tère eft fituée, & pour ce qui regarde la
perfonne du Pair le feul Parlement de Paris en prand conoiffance fi les
Lètres y ont èté anregiftrées.

La plupart des Lètres d'Erection font anregiftrées au Parlemant de
Paris. Il y en a pourtant quelqu'unes qui font anregiftrées en d'autres
Parlemans, par exanple le Duché de Carignan a èté èrigé pour un Prince de
la Maifon de Savoie, les Lètres ont èté anregiftrées au Parlemant de Metz.

Les Pairs ont fèance au Parlemant où leurs Lètres font anregiftrées,
ils y prènent leur rang fuivant l'Edit de Mai 1711, du jour de la premiere
reception & preftation de Sermant.

Ceus qui ont fèance au Parlemant de Paris, l'ont dans tous les autres
Parlemans du Royaume, & même au Grand Confeil.

Quand le Roi tient fon Lit-de-Juftice les fis anciens Pairs Eclèfiaftiques
font à la gauche de Sa Majefté, & les Sèculers à fa droite après les Princes
du Sang, dans les autres ocafions les fis anciens Eclèfiaftiques font affis du
même côté que les Sèculiers, & en vertu de leur ancièneté ils prècèdent tous
les Pairs qui ne font pas de la Maifon Royale.

Ceux qui ont obtenu du Roi des Lètres de Duché-Pairie ou de Duché
finple, ne laiffent pas de joüir des honeurs du Louvre quoique leurs Lètres
ne foient point anregiftrées. On les nome comunèment Ducs à Brevets,
terme qui vient de ce qu'autrefois les Rois donoient quelquefois des Brevets
par lefquèls ils promètoient de faire expèdier des Lètres. Le feu Roi n'a
point fait expedier de pareils Brevets depuis qu'il fut Majeur.

Ce qu'on apèle les honeurs du Louvre confifte en plufieurs Privileges.
Les Caroffes de ceus qui joüiffent antrent dans les Maifons Royales, ils ont

des Dais dans leurs maiſons, le Roi leur ècrivant les traite de Couſin & met au bas de la Lètre, priant Dieu qu'il vous ait en ſa ſainte & digne garde, au lieu qu'en ècrivant aus Gentilshomes il met ſeulement en ſa ſainte garde, leurs fames ont des tabourets chèz la Reine, & des houſſes ſur leurs Caroſſes.

Dans les Cèrèmonies de l'Ordre du St. Eſprit les Ducs prènent leur rang du jour de l'anregiſtremant de leurs Lètres, & la Pairie n'y eſt pas nèceſſaire, & ſi leurs Lètres ne ſont pas anregiſtrées, ils n'ont rang que come les autres Gentilshomes ſelon l'ancièneté de leur nomination par le Roi.

Autrefois les Princes du Sang n'antroient point au Parlemant à moins qu'ils ne fuſſent Pairs, & ceus qui l'ètoient n'avoient rang que ſelon l'ancièneté de leur Pairie; mais Henri III. en 1576 regla que les Princes du Sang antreroient au Parlemant en vertu de leur Pairie, & qu'ils y prècèderoient tous les autres Pairs ſans avoir aucun ègard à l'ancièneté des Pairies; mais come il s'eſt trouvé des Princes du Sang qui n'avoient point de Pairie, on auroit pu leur diſputer l'antrée au Parlemant en vertu de l'Ordonance de Henri III. Pour y remedier le Roi LOUIS le Grand par ſon Edit du mois de Mai 1711, regla que tous les Princes du Sang auroient droit d'antrée au Parlemant à l'âge de 15 ans, ancore qu'ils ne poſſedaſſent aucune Pairie, & qu'ils prècèderoient tous les autres Pairs.

Par une Dèclaration du 5. Mai 1694, le Roi acorda au Duc du Maine & au Conte de Touloufe ſes fils legitimés d'avoir ſèance au Parlemant après les Princes du Sang & avant tous les autres Pairs, & expliquant ſa Volonté d'une maniere plus ètanduë dans l'Edit du mois de Mai 1711, il dit nos anfans legitimés & leurs anfans deſcendans mâles & qui poſſederont des Pairies reprèſanteront pareillement les anciens Pairs au Sacre des Rois après & au dèfaut des Princes du Sang, & auront droit d'Entrée & voix dèlibèrative en nos Cours de Parlemant, tant aus Audiances qu'au Conſeil à l'âge de 20 ans en prètant le Sermant ordinaire des Pairs avec ſèance immèdiatemant après leſdits Princes du Sang, conformèment à la Dèclaration du 5 Mai 1694, & ils y prècéderont tous les Ducs & Pairs quand même leur Duché Pairie ſeroit moins ancien que celui deſdits Ducs & Pairs, & en cas qu'ils aient pluſieurs Pairies & pluſieurs anfans mâles, leur permetons en ſe rèſervant une Pairie pour eus d'en donner une à chacun de leurſdits anfans ſi bon leur ſemble, pour en jouïr par eus aus mêmes honeurs, rang, prèſèance & dignité, du vivant même de leur père.

Le Roi conſerve quelquefois les honeurs du Louvre à des Ducs qui ſe démètent de leur Duché en faveur de leur anfant mâle, mais alors il n'y a que le fils qui ait ſèance au Parlemant.

Quelquefois le Roi acorde les honeurs du Louvre à des gens qui n'ont point de Duché; Mais ils n'ont pas ſèance au Parlemant.

Par une Ordonance de 1566 & par quelques autres, il eſt porté que les Tères érigées en Duché ſeront rèünies à la Courone au dèfaut d'Héritiers mâles, & ſi les Rois ne dèrogeoint à cète Ordonance dans les Lètres d'Erection, ces Tères ſeroient rèünies à la Courone lorſque la dignité en eſt ètinte faute d'Hèritiers mâles.

Il n'y a que le Duché d'Uzès qui ſoit reverſible à la Courone faute de Mâles, pour les autres Duchès les Rois ont dèrogé à l'Ordonance de 1566 & à d'autres pareilles.

ARMOIRIES

Des Prélats qui poſsèdent les anciènes

PAIRIES ÈCLÉSIASTIQUES,

En Juillet 1722.

L'Archevêque Duc de Reims,
ROHAN.

L'Evêque Duc de Lan,
CHARLES DE SAINT ALBIN.

L'Evêque Duc de Langres,
CLERMONT TONÈRE.

L'Evêque Conte de Beauvais,
SAINT AGNAN.

L'Evêque Conte de Châlons,
TAVANE.

L'Evêque Conte de Noyon,
ROCHEBONE.

l'Archevêque de Reims
Rohan.

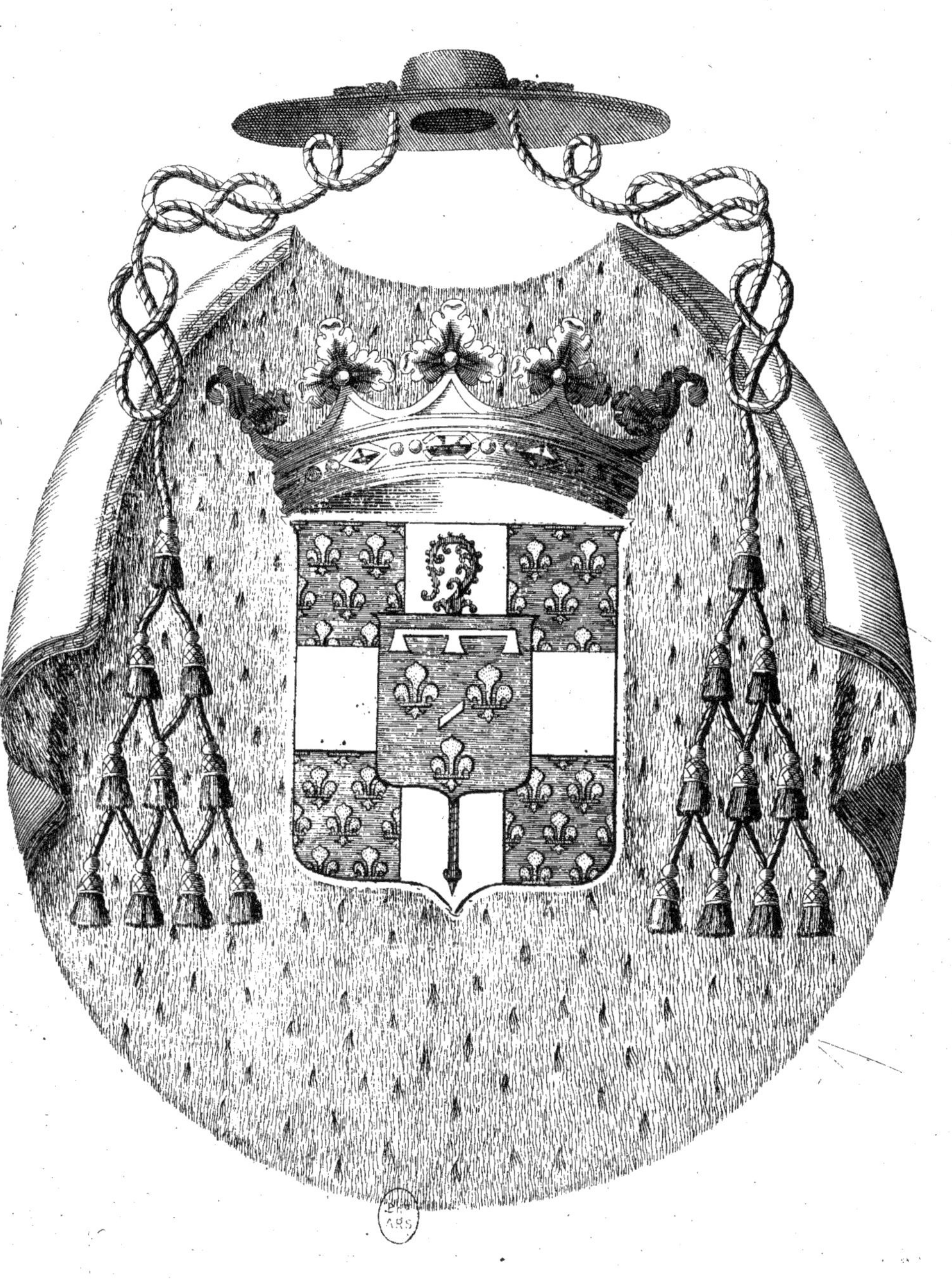

l'Evêque de Lan

l'Evêque Duc de Langres

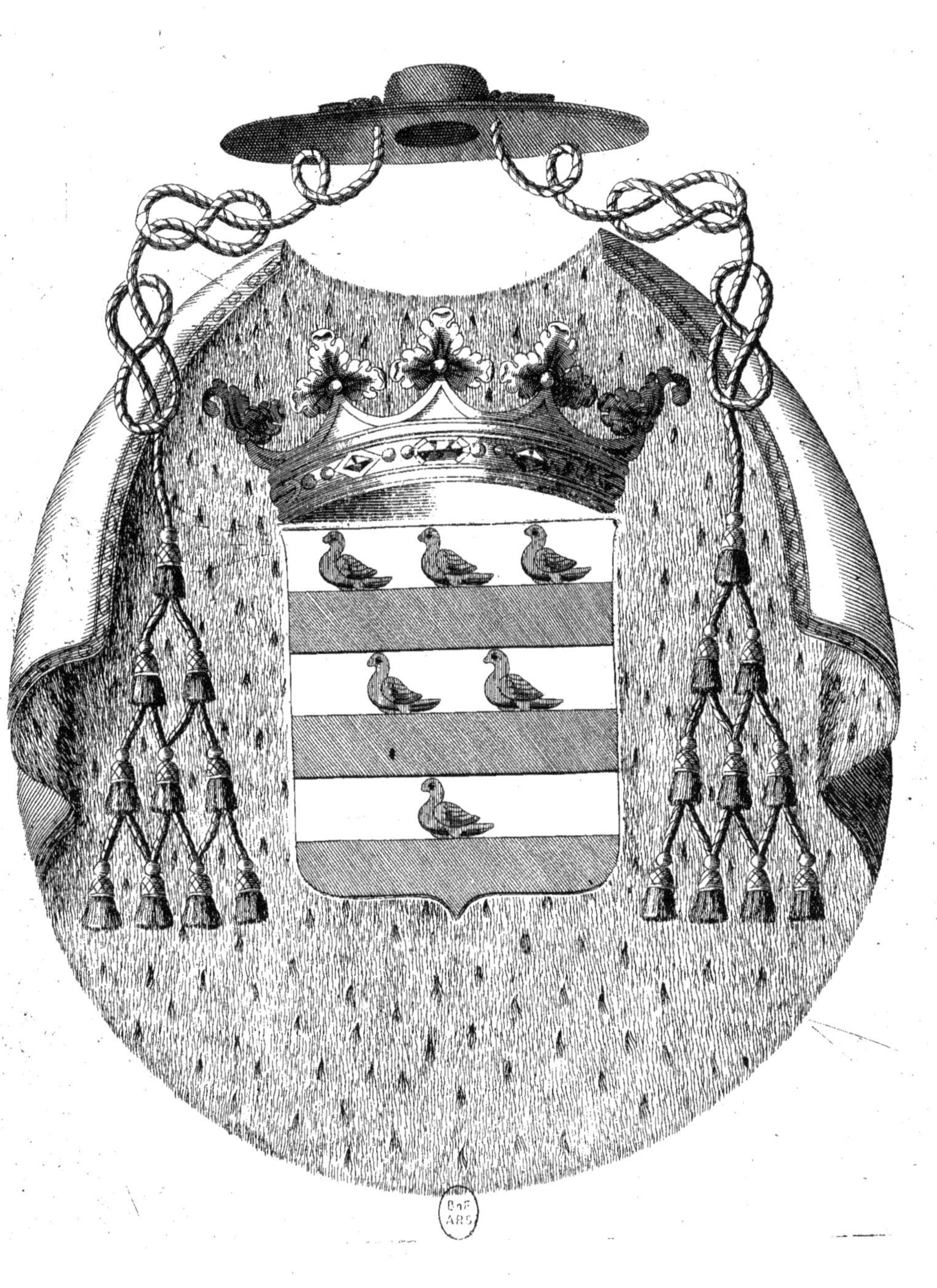

l'Evêque Conte de Beauvais
de St. Agnan

L'Evêque Conte de Châlons

de Tavanes

l'Evêque Conte de Noyon
de Rochebone

DUCS ET PAIRS,

dont les Lètres font anregiftrées au Parlemant.

LE Duc d'UZÉS.   I.
 Il eft le plus ancien Pair Laïque, mais la Trimouille eft le plus ancien Duc. C'eft pourquoi à la Cèrèmonie des Chevaliers de l'Ordre 1689, le Duc de la Trimouille prècèda le Duc d'Uzès, parce que dans cète Cèrèmonie on a égard au Duché, & non à la Pairie.

Le Duc d'ELBEUF.   II.
 Il eft de la Maifon de Loraine, & tous ceus de cète Maifon, tant les homes que les filles, ont les Traitemens de Princes & les honeurs du Louvre. Et lorfque les Princes de cète Maifon font Chevaliers de l'Ordre, ils prècèdent tous les Ducs, Il n'y a plus que les Princes de cète Maifon qui accompagnent les Ambaffadeurs des Têtes couronnées aus Audiances publiques, & alors ils fe couvrent devant le Roi toutes les fois que les Ambaffadeurs fe couvrent.

dans les Cèrèmonies de l'Ordre.

Le Prince de GUIMENE'.   III.
 Son Duché eft *Monbazon*. Il eft de la Maifon de Rohan. Tous ceus de cète Maifon, & même les filles, jouiffent des honeurs du Louvre, & ont le Traitement de Princes.

Le Duc de la TRIMOUILLE.   IV.
 Son Duché eft *Touars*. Le fils aîné & la fille aînée du Duc de la Trimouille jouiffent des honeurs du Louvre.

Le Duc de SULLI.   V.

Le Duc de LUINES.   VI.
 Il a de plus le Duché de *Chevreufe*, qui n'eft regiftré au Parlemant que come Duché fimple, & qu'on nome comunémant Duché de *Monfort*, à caufe du Conté de *Montfort* qui y a été uni. Son fils fe nome le Duc de MONFORT.

Le Duc de BRISSAC.   VII.

Le Duc de RICHELIEU.   VIII.
 Il a de plus le Duché de *Fronfac* qui eft Pairie, & pandant la vie de fon père il a porté le nom de Duc de FRONSAC.

Le Duc de SAINT-SIMON.   IX.
Le Duc de la ROCHEFOUCAULT.   X.
 Son fils aîné a le Duché de la *Rocheguion*, qui eft un Duché fimple.

En avril 1722 le Duc de St Simon a cèdé fon Duché a fon fils aîné qui fe nomera le Duc de Rufec.

Le Duc de la FORCE.   XI.
Le Duc de ROHAN.   XII.
Le Duc de BOUILLON.   XIII.

Il a sur la Frontière du Luxanbourg le Duché de *Bouillon*, où il joüit de plusieurs Droits de Souveraineté. Il a en France les Duchés d'*Albret* & de *Châteautieri* qui sont Pairies. Il portoit le nom de Duc d'ALBRET pendant la vie de son père, & il fait porter le Titre de Duc de CHATEAUTIERI à un de ses anfans. Les fils & les filles de cète Maison joüissent des honeurs du Louvre, & ont les Traitemens de Princes.

XIV.   Le Duc de LUXANBOURG.

Son Duché est *Pinei*. Il a outre cela le Duché de *Monmoranci*, qui est un Duché simple. Son fils aîné se nome le Duc de MONMORANCI.

XV.   Le Duc d'ETRE'ES.

Le Marquisat de *Cœuvres* a été èrigé en Duché-Pairie sous le nom d'Etrées.

XVI.   Le Duc de GRANMONT.
Le Conté de *Guiches* èrigé en Duché-Pairie sous le nom de Granmont.
Il a cedé son Duché à son fils, qui se nome le Duc de GUICHE, & il a conservé le nom & les honeurs de Duc.

XVII.   Le Duc de GUICHE.

XVIII.   Le Duc MAZARIN.
Le Conté de *Rètel* a été èrigé en Duché-Pairie sous le nom de Mazarini.
Il a de plus le Duché de la *Meilleraie*, dont il fait porter le nom à son fils.

XIX.   Le Duc de la MEILLERAIE.

XX.   Le Marèchal Duc de VILEROI.
Il a cèdé son Duché à son fils aîné, & a conservé le nom & les honeurs de Duc.

XXI.   Le Duc de VILEROI.

XXII.   Le Duc de MORTEMAR.

XXIII.   Le Duc de SAINT-AGNAN.

XXIV.   Le Duc de TREMES. ‡

XXV.   Le Duc de NOAILLES.

XXVI.   L'Evêque de METZ.

Son Duché est *Coalin*, qui est un bien de sa Famille, & qui n'est point uni à l'Evêché.

XXVII.   Le Duc d'AUMONT.

La Tère d'*Iles* èrigée en Duché-Pairie sous le nom d'Aumont.

XXVIII.   Le Duc de CHAROT.

XXIX.   L'Archevêque de PARIS.

Son Duché est *Saint-Clou*, qui est une Tère apartenante à l'Archevêché de Paris.

XXX.   Le Duc de BOUFLERS.

La Tère de *Cagni* en Beauvoisis èrigée en Duché-Pairie sous le nom de Bouflers.

Le Marèchal Duc de VILARS.
La Tère de *Vaux-le-Vicomte* èrigée en Duché-Pairie sous le nom de Vilars.

Le Duc d'HARCOUR.
La Tère de *Turi* èrigée en Duché-Pairie sous le nom de Harcour.

Le Marèchal Duc de BERVIC.
Son Duché est la Tère d'*Ouarti*, èrigée en Duché-Pairie sous le nom de Filtz James. Il a fait porter le nom de Duc de Filtz-James à un de ses anfans.

Le Duc d'ANTIN.

Le Duc de CHAUNES.

Le Prince de ROHAN.
La Tère de *Frontenai* a èté èrigée pour lui en Duché-Pairie, sous le nom de Rohan-Rohan.

Le Duc de MELUN.
La Tère de *Joyeuse* a èté èrigée pour lui en Duché-Pairie.

Le Marèchal Duc de TALARD.
La Tère d'*Hostun* a èté èrigée en Duché simple pour lui. Il la cèda à son fils, pour qui èle fut èrigée en Duché-Le père a conservé le nom & les honeurs de Duc.
Le Duc de TALARD.

Le Duc de BRANCAS.
La Tère de *Vilars* en Provence ètoit depuis lontans èrigée en Duché-Pairie, mais les Lètres n'avoient point èté anregistrées au Parlemant de Paris. Le père s'en dèmit en faveur de son fils, & garda le nom & les honeurs de Duc. Les Lètres de Duché-Pairie furent anregistrées au Parlemant de Paris pour le fils qui se nome
Le Duc de VILARS-BRANCAS.

Le Duc de la FEUILLADE.
Son Duché est *Rouanais*.

Le Prince de MONACO.
Le Prince de Monaco ètoit Duc de Valantinois ; les Lètres de Duché-Pairie ètoient regiftrées au Parlemant de Paris. Il s'en dèmit en faveur de son gendre fils du Conte de Matignon Chevalier de l'Ordre. Le gendre obtint de nouvèles Lètres de Duché-Pairie pour la Tère de Valantinois, & a pris les Armes de Grimaldi, qui sont cèles de son beau-père. La Principauté de Monaco est sur la frontière d'Italie près de la Mer. Le Prince y joüit des droits de Souveraineté. Il se couvre devant le Roi aux Audiances des Ambassadeurs.
Le Duc de VALANTINOIS.

Le Duc de NEVERS.

Le Marèchal Duc de VILARS.	XXXI.
Le Duc d'HARCOUR.	XXXII.
Le Marèchal Duc de BERVIC.	XXXIII.
Le Duc d'ANTIN.	XXXIV.
Le Duc de CHAUNES.	XXXV.
Le Prince de ROHAN.	XXXVI.
Le Duc de MELUN.	XXXVII.
Le Marèchal Duc de TALARD.	XXXVIII.
Le Duc de TALARD.	XXXIX.
Le Duc de BRANCAS.	XL.
Le Duc de VILARS-BRANCAS.	XLI.
Le Duc de la FEUILLADE.	XLII.
Le Prince de MONACO.	XLIII.
Le Duc de VALANTINOIS.	XLIV.
Le Duc de NEVERS.	XLV.

DUCS qui ne sont pas Pairs, & dont les Lètres sont anregistrées au Parlemant.

XLVI.   Le Duc de LORAINE.
Il a le Duché de *Bâr* qui n'est pas Pairie, pour lequel il prète homage au Roi.

XLVII.   Le Duc de MONFORT.

XLVIII.   Le Duc de la ROCHEGUION.

XLIX.   Le Duc de MONMORANCI.
On a doné le non de Monmoranci à la Tère de *Beaufort* en Champagne, èrigée en Duché.

L.   Le Duc de DURAS.

LI.   Le Duc d'HUMIERES.
La Tère de *Mouchi* èrigée en Duché sous le nom d'Humieres.

LII.   Le Duc de LORGE.
La Tère de *Quintin* èrigée en Duché sous le nom de Lorge.

LIII.   Le Duc de LAUZUN.

LIV.   Le Duc de CHATILLON.
Il a cèdé son Duché à son fils qui se nome le Duc d'OLONE, & il a conservé le nom & les honeurs de Duc.

LV.   Le Duc d'OLONE.

LVI.   Le Duc de NOIRMOUTIER.
La Tère de *Royan* èrigée en Duché.

Duchés qui ne sont pas anregistrés au Parlemant de Paris.

LVII.   Le Duc de ROQUELAURE.
Il est Duc & Pair, mais ses Lètres ne sont point anregistrées au Parlemant.

LVIII.   Le Prince Emanuel de SAVOIE.
Son Duché est *Ivoi*, sur les frontières de Luxanbourg, èrigé en Duché-Pairie sous le nom de CARIGNAN, & registré au Parlemant de Metz.

LIX.   La Duchesse de PORTSMOUT.
LX.   Le Duc de RICHEMONT.
La Tère d'*Aubigni* èrigée en Duché pour Louise-Renée de Pennencouet de Kerouel qu'on nome la Duchesse de Portsmout, parce qu'èle a ce Titre en Angletère; & pour son fils qu'on nome le Duc de Richemont, parce qu'il a ce Titre en Angletère. Les Lètres ne sont pas registrées au Parlemant.

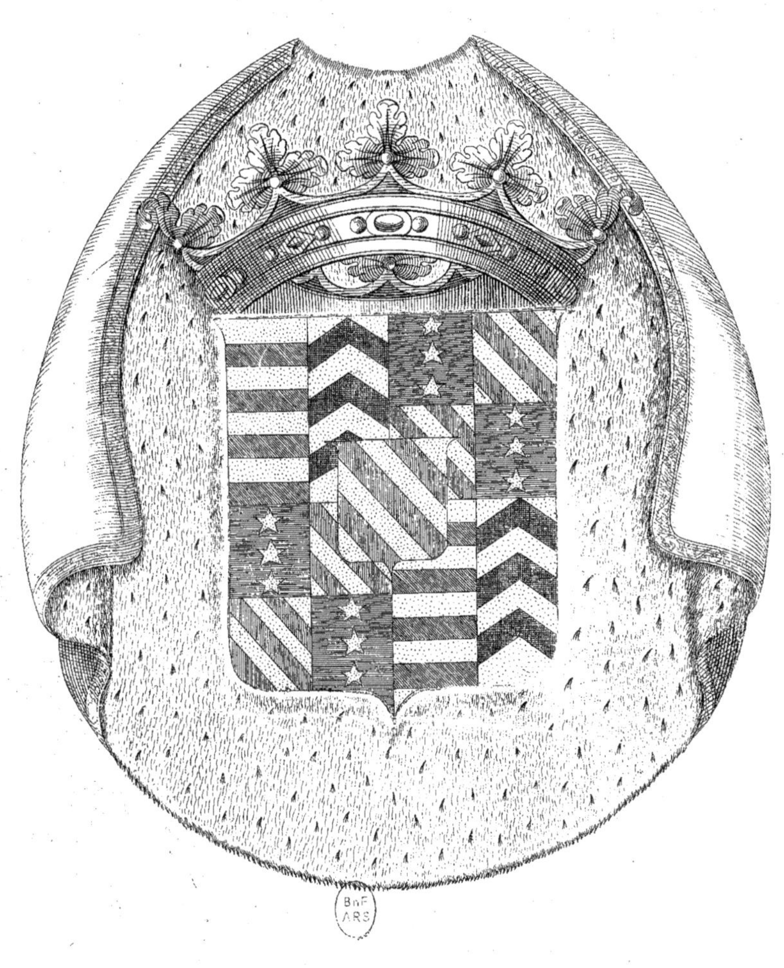

le Duc d'Uzès

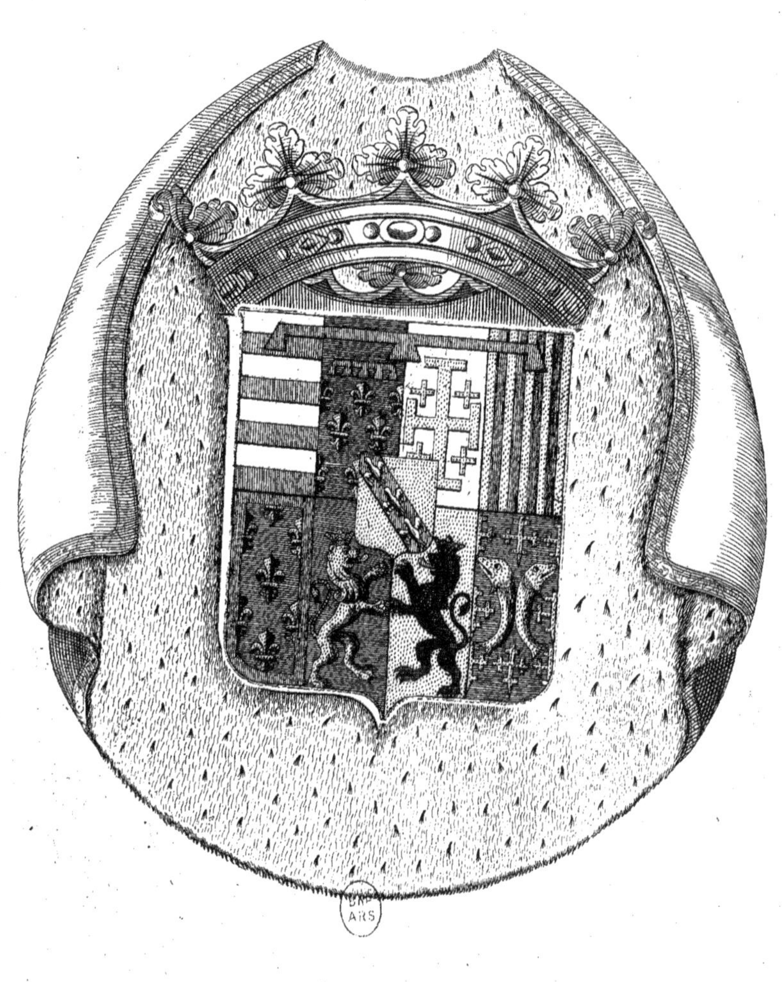

le Duc d'Elbeuf

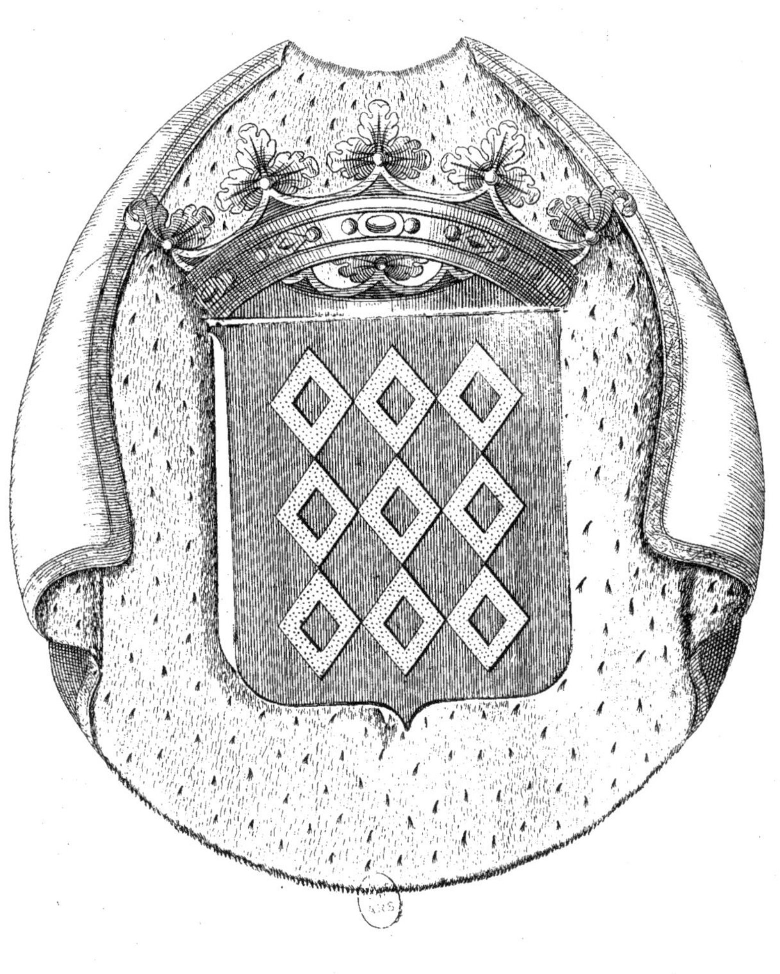

le Prince de Guimenée

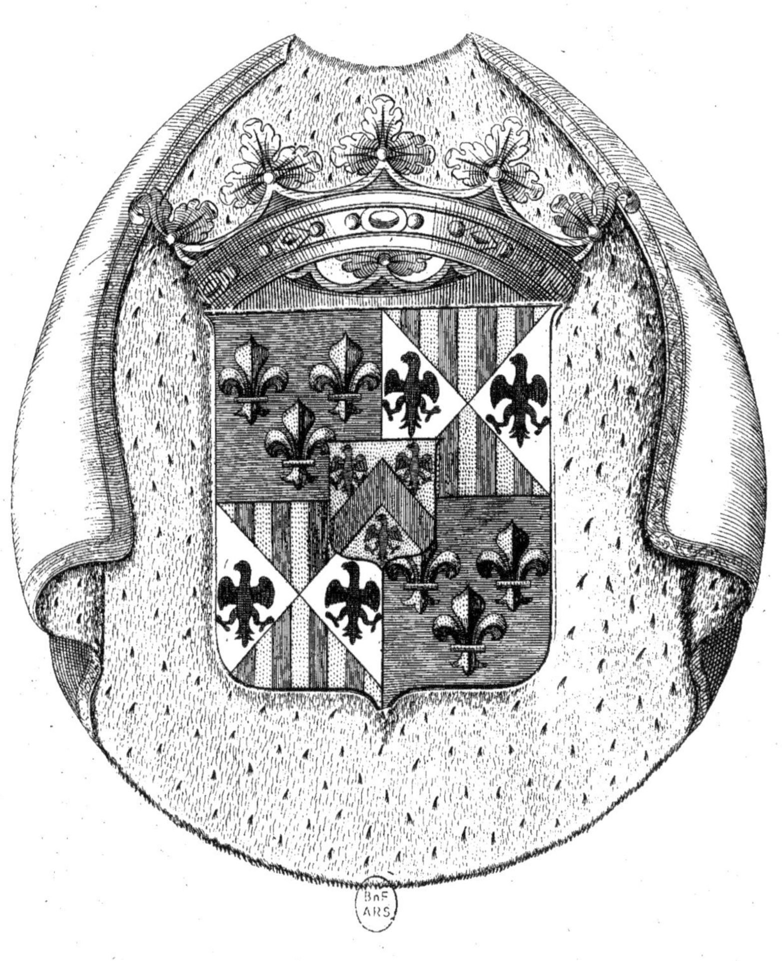

le Duc de la Trimouille

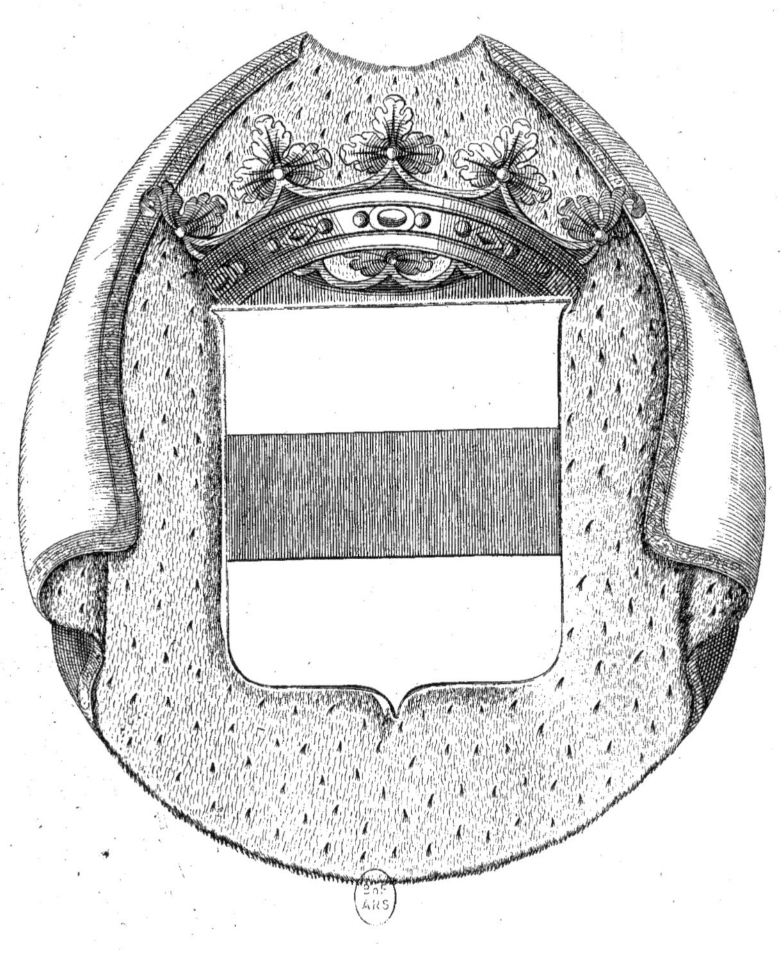

le Duc de Suilli

le Duc de Luines

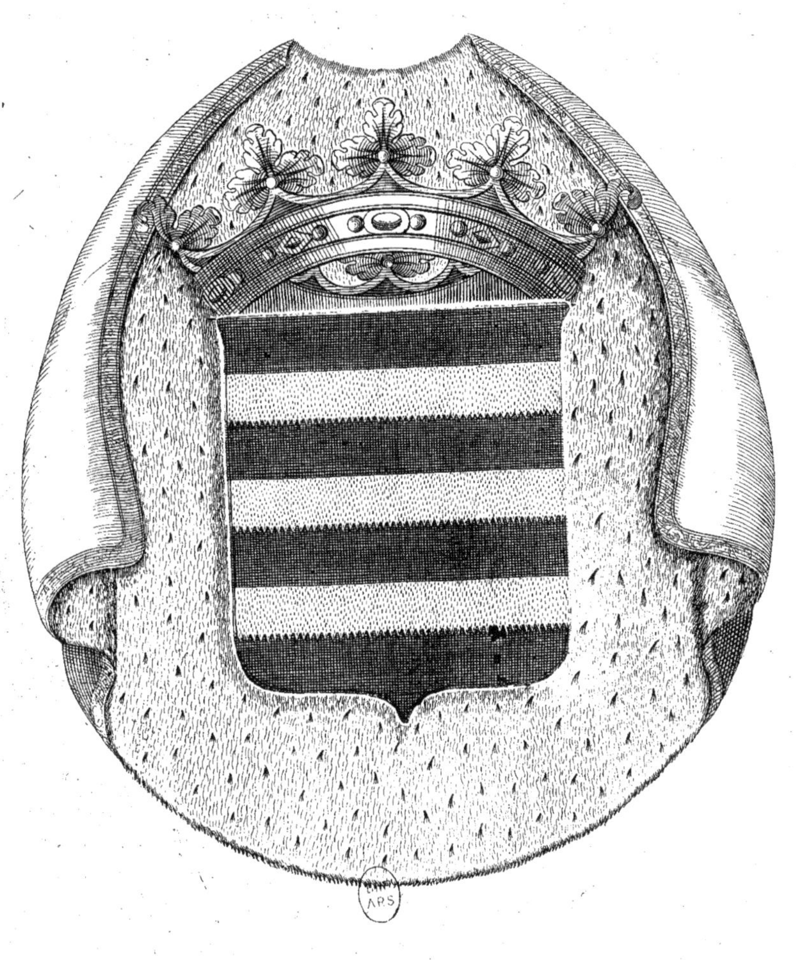

le Duc de Brissac

le Duc de Richelieu

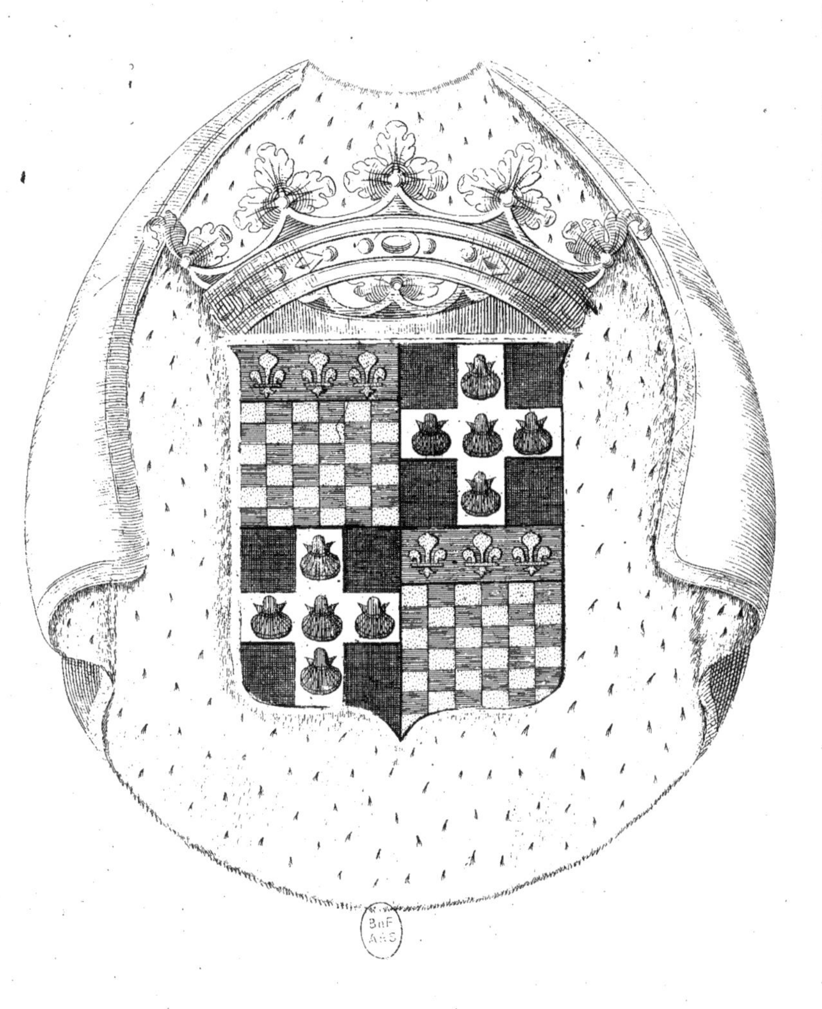

le Duc de St Simon

le Duc de Rufec

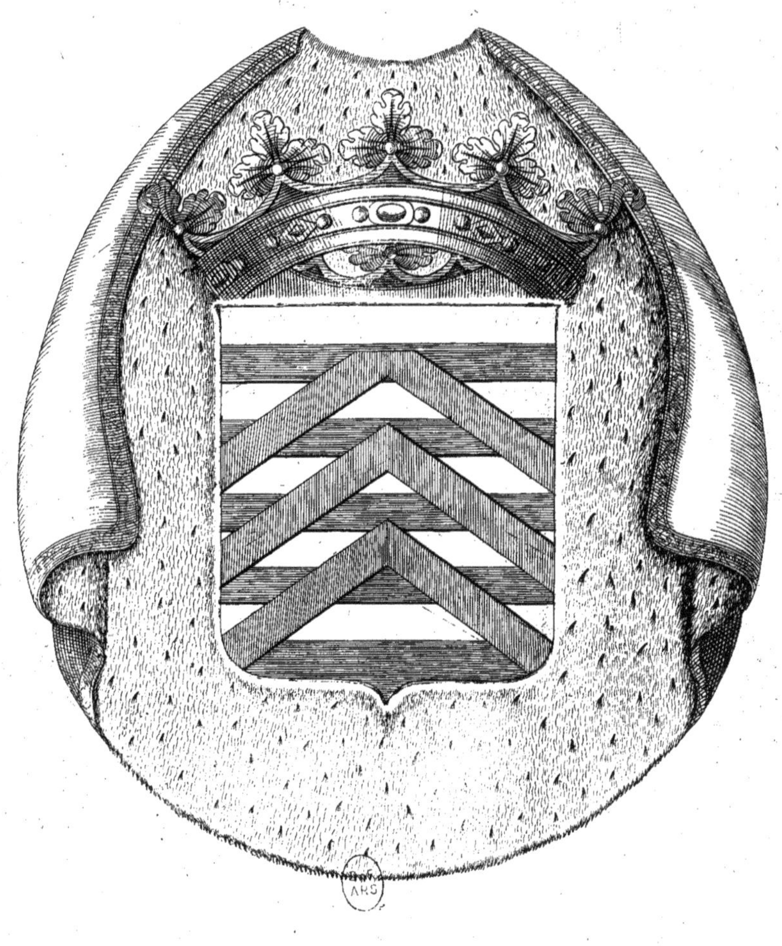

le Duc de la Rochefoucaut

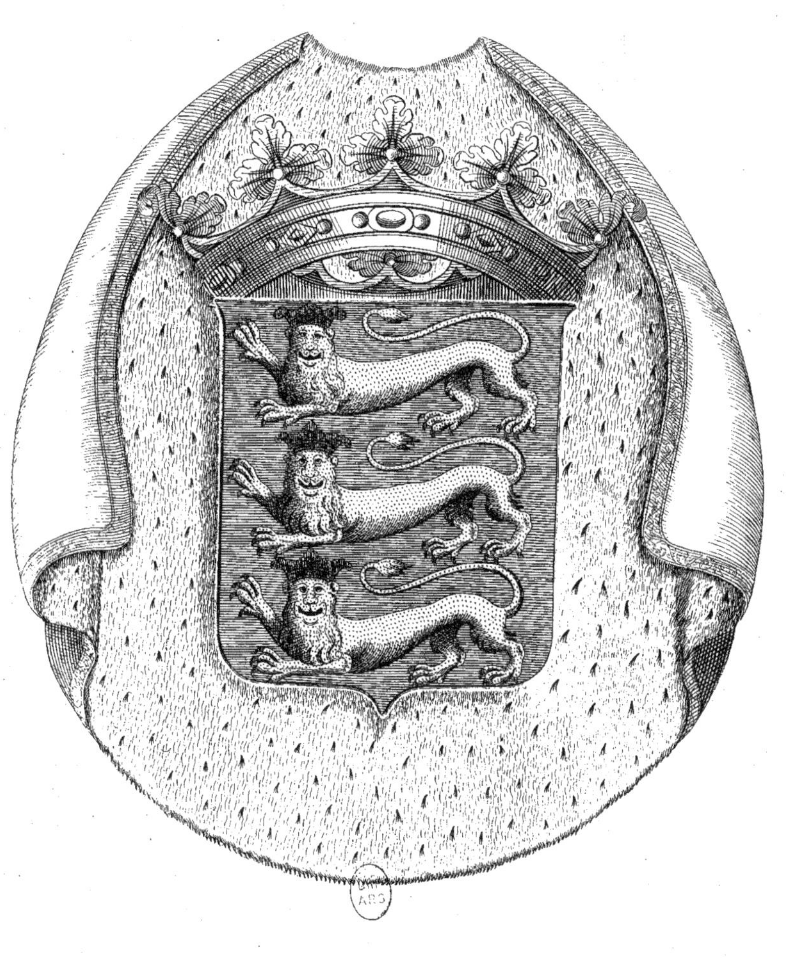

le Duc de la Force

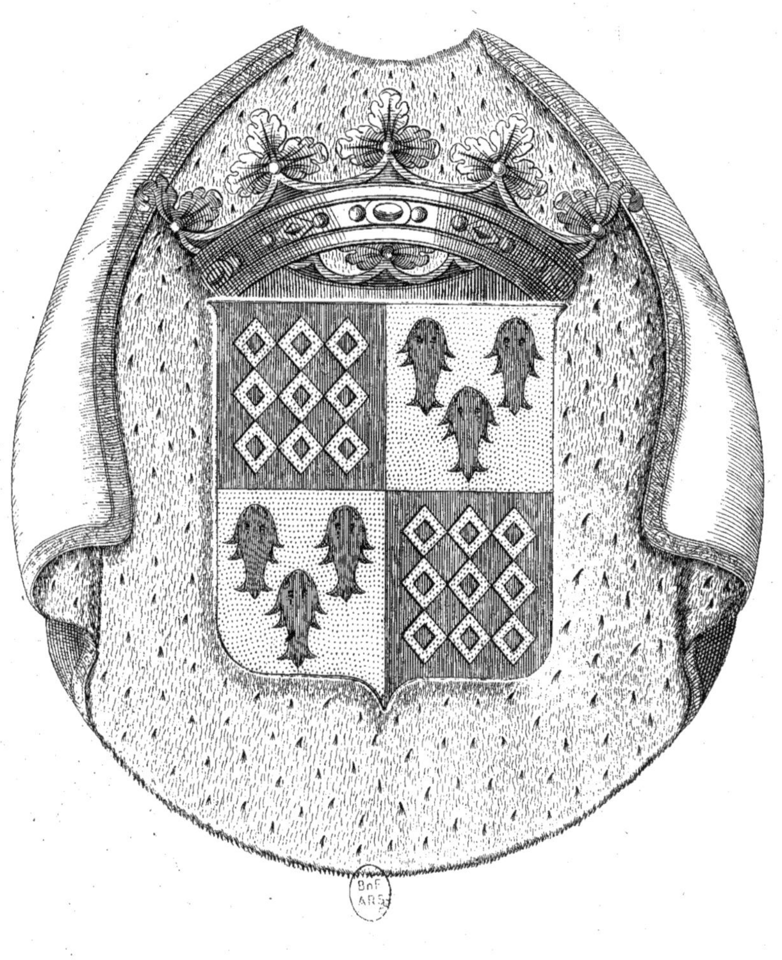

le Duc de Rohan

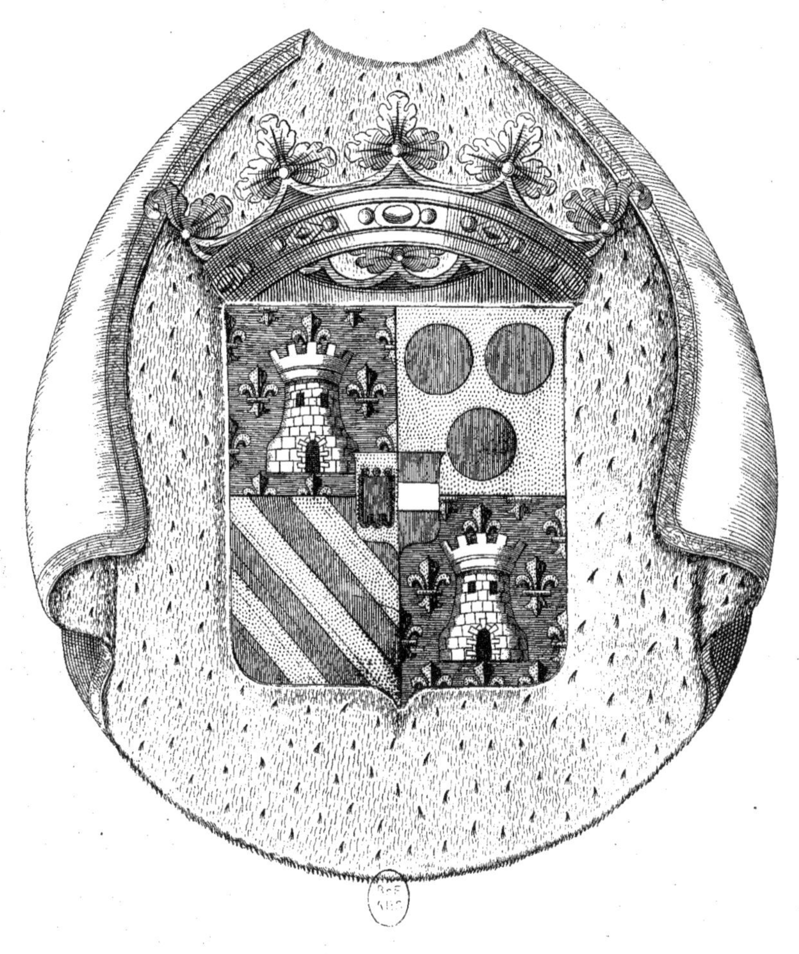

le Duc de Bouillon

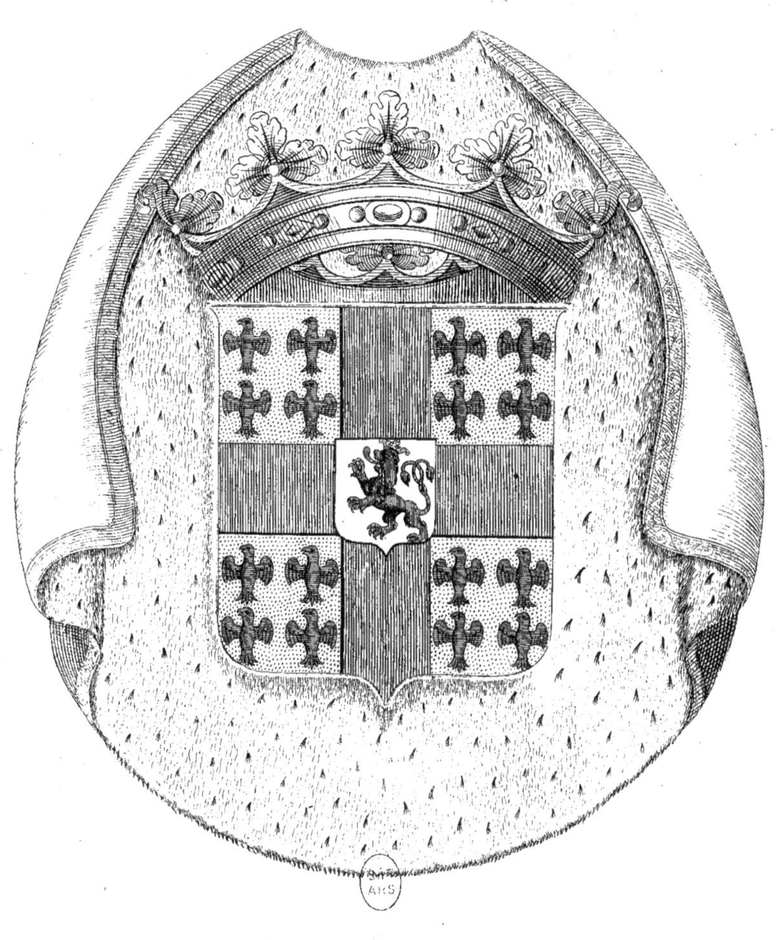

le Duc de Luxambourg

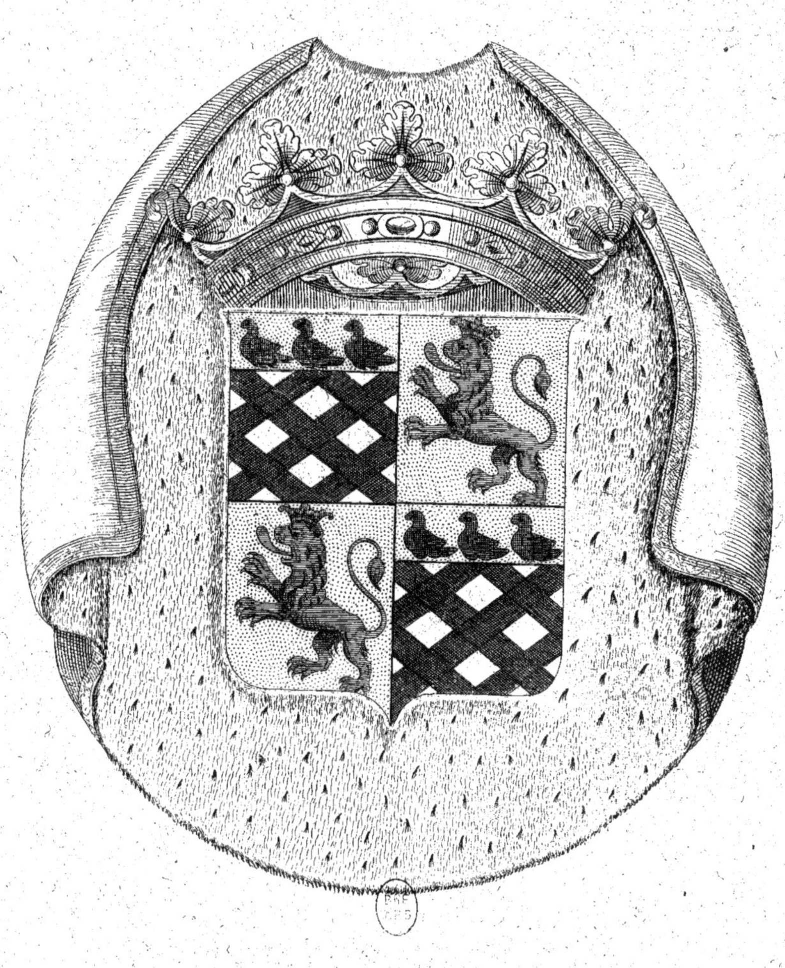

le Duc d'Ètreés

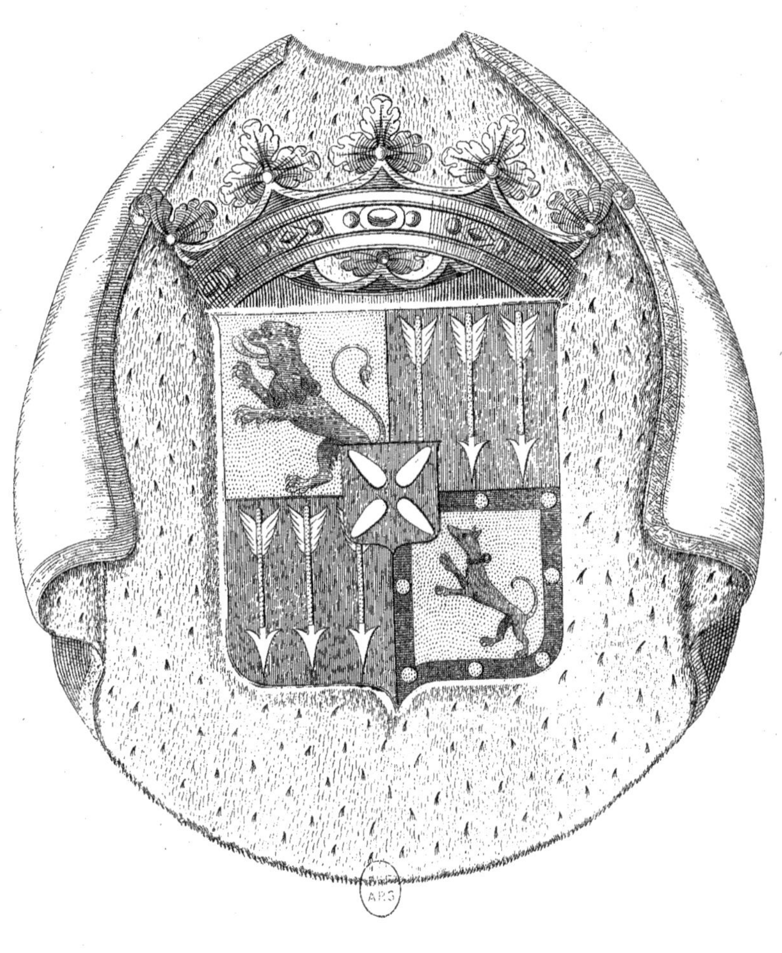

le Duc de Gramont

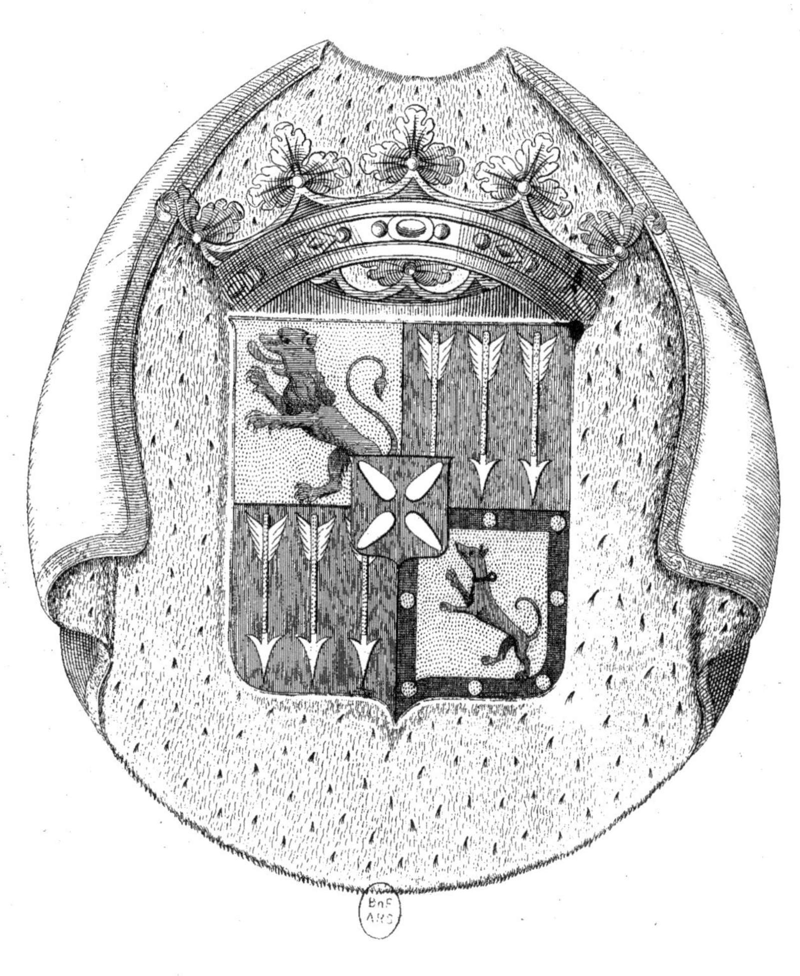

le Duc de Guiches

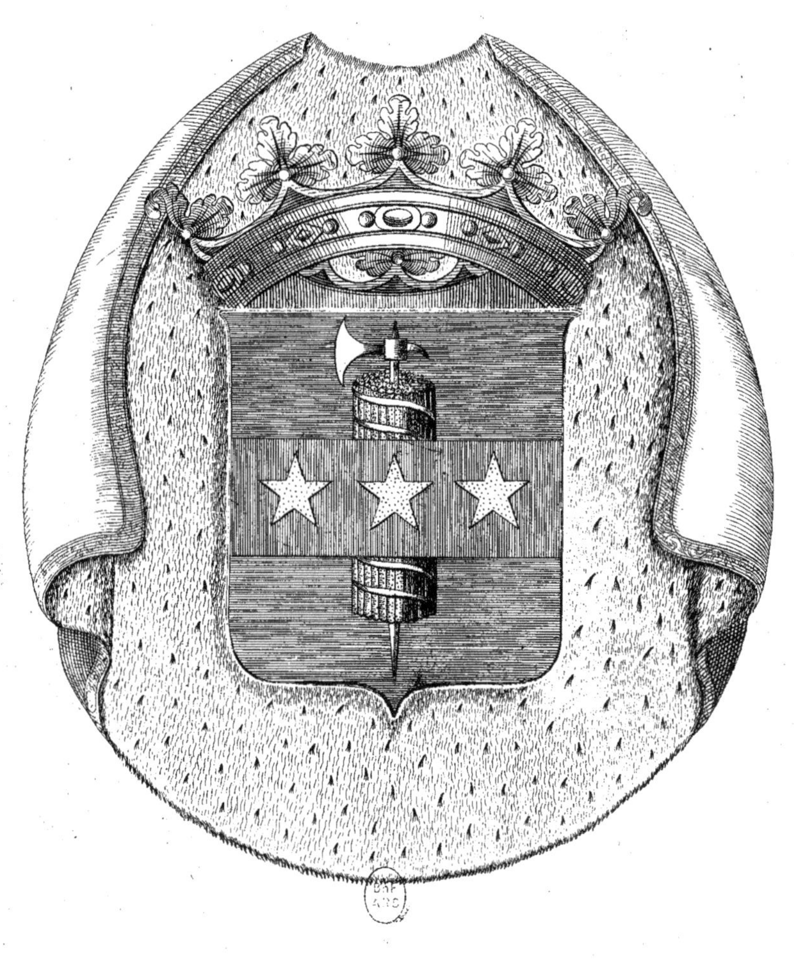

le Duc Mazarin

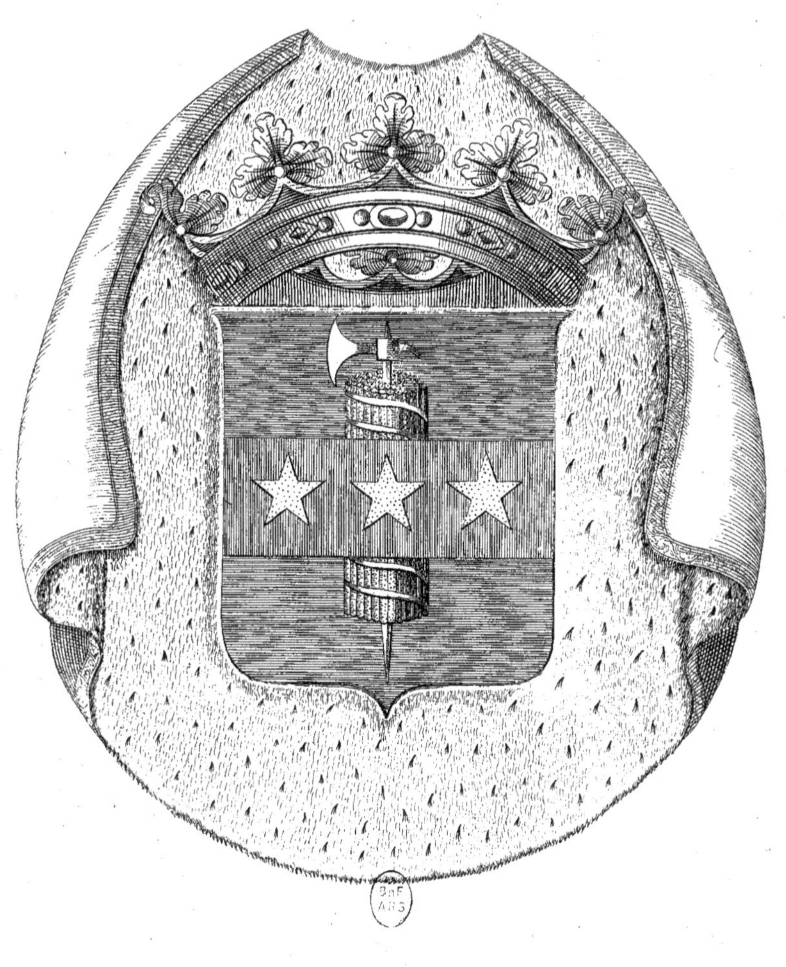

le Duc de la Meilleraie

le M.^{al} Duc de Vileroi

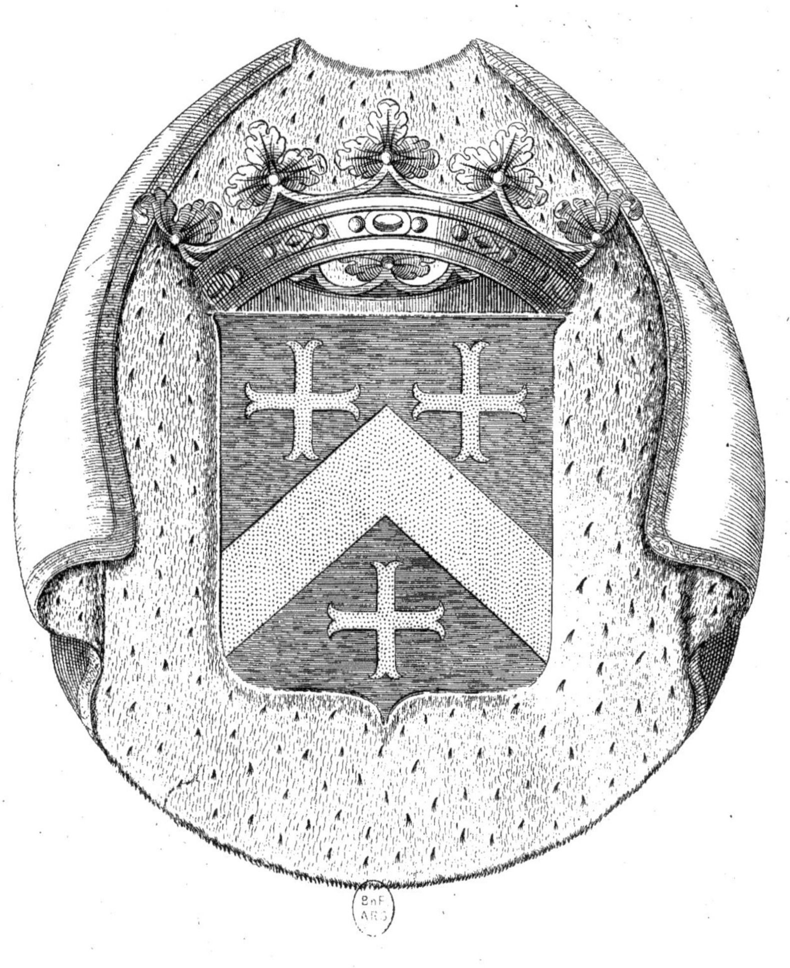

le Duc de Vileroi

le Duc de Retz

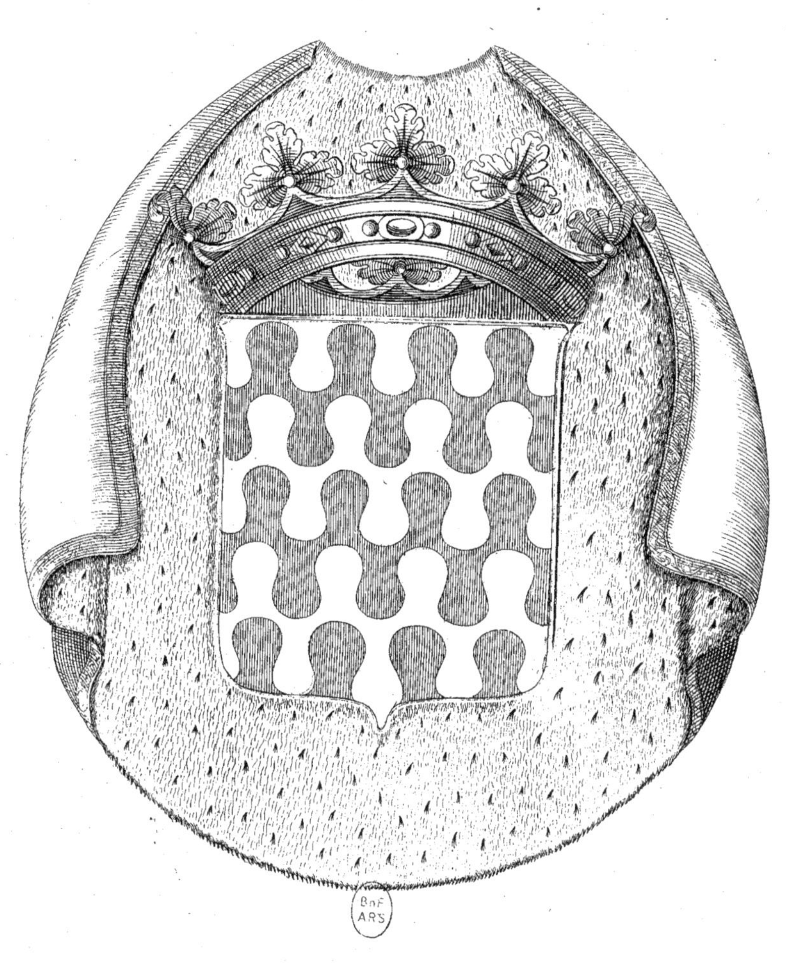

le Duc de Mortemar

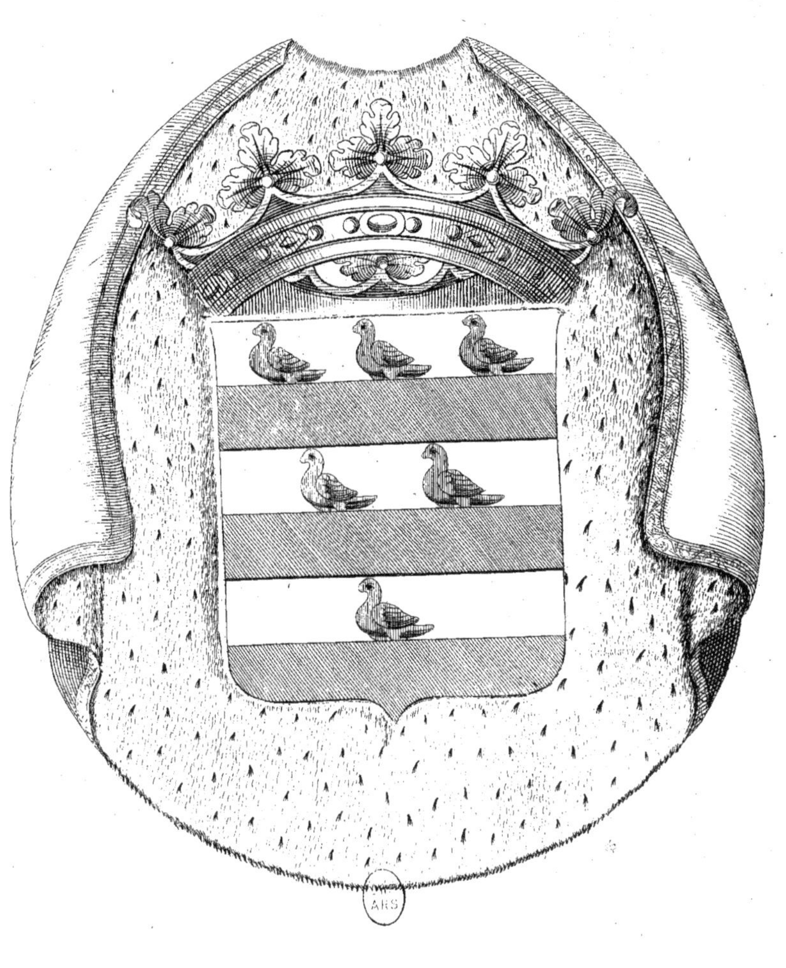

le Duc de St Agnan

le Duc de Trêmes

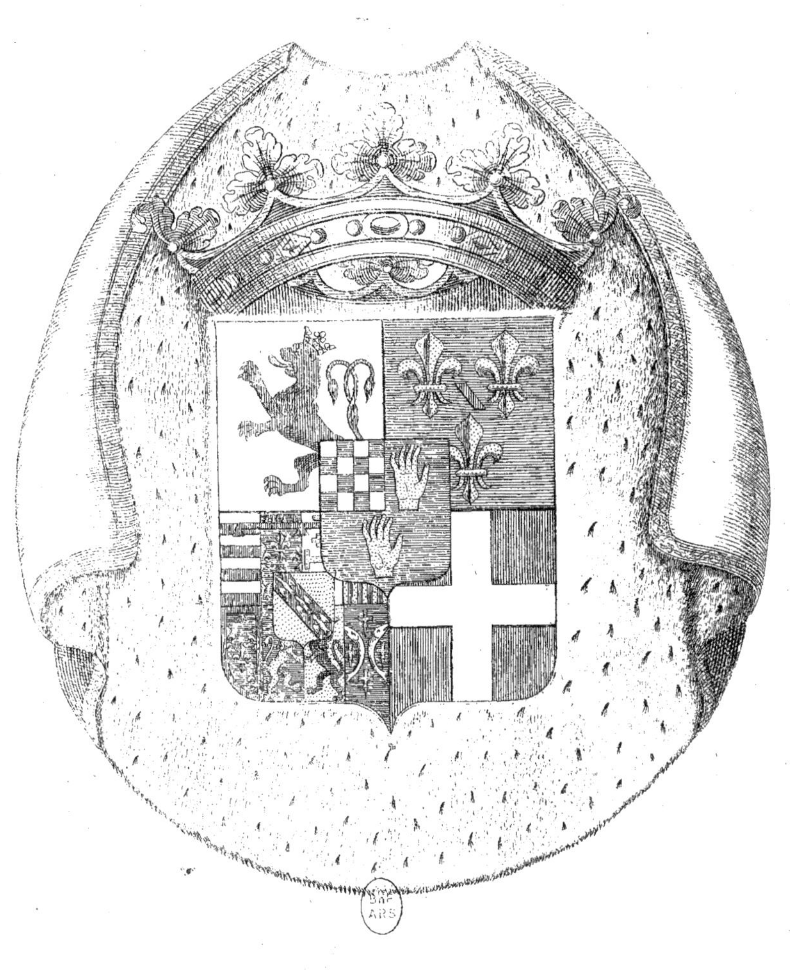

le Duc de Gêvres

le Duc de Noailles

le Duc de Coâlin

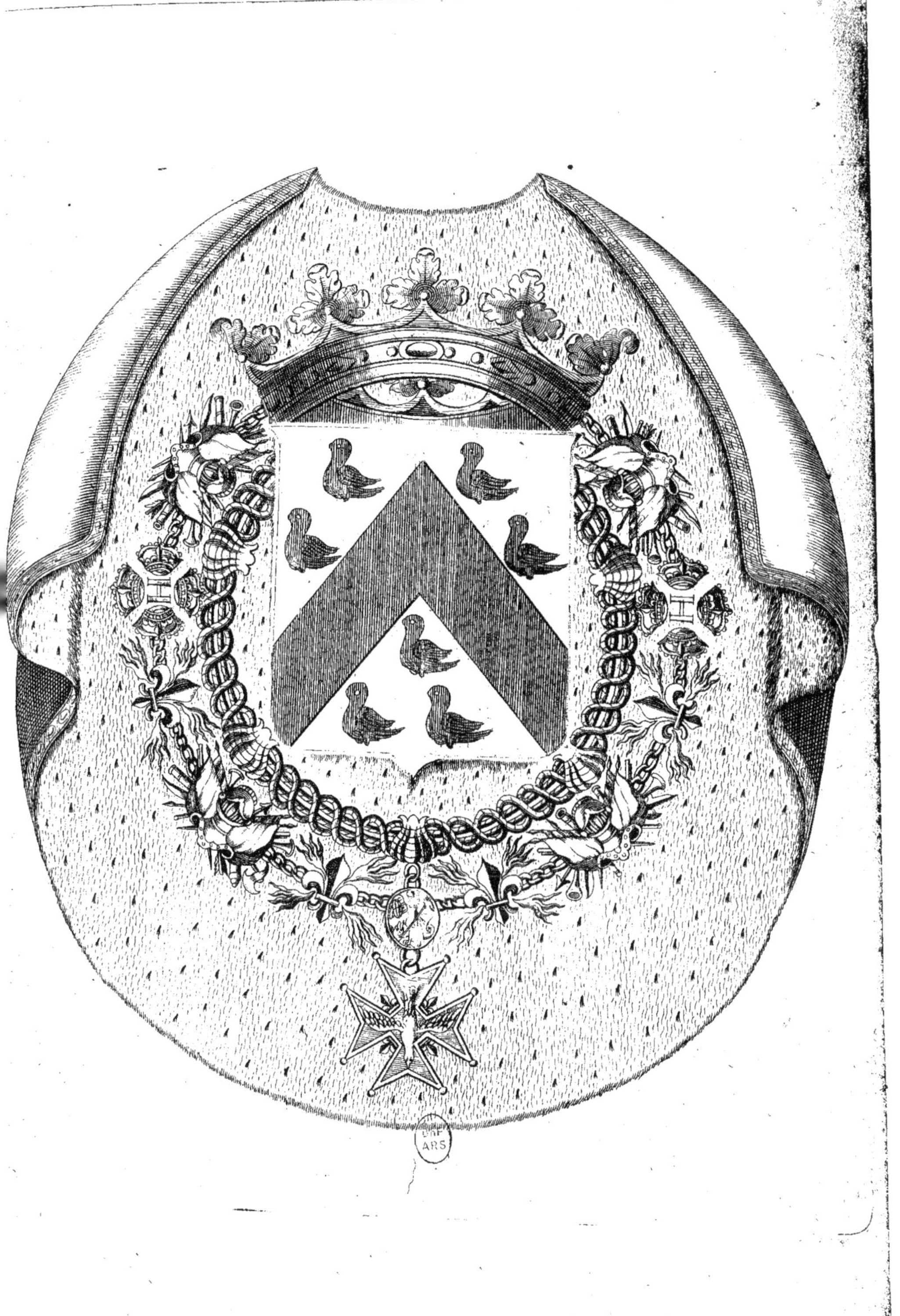

le Duc d'Aumont

le Duc de Vilequier

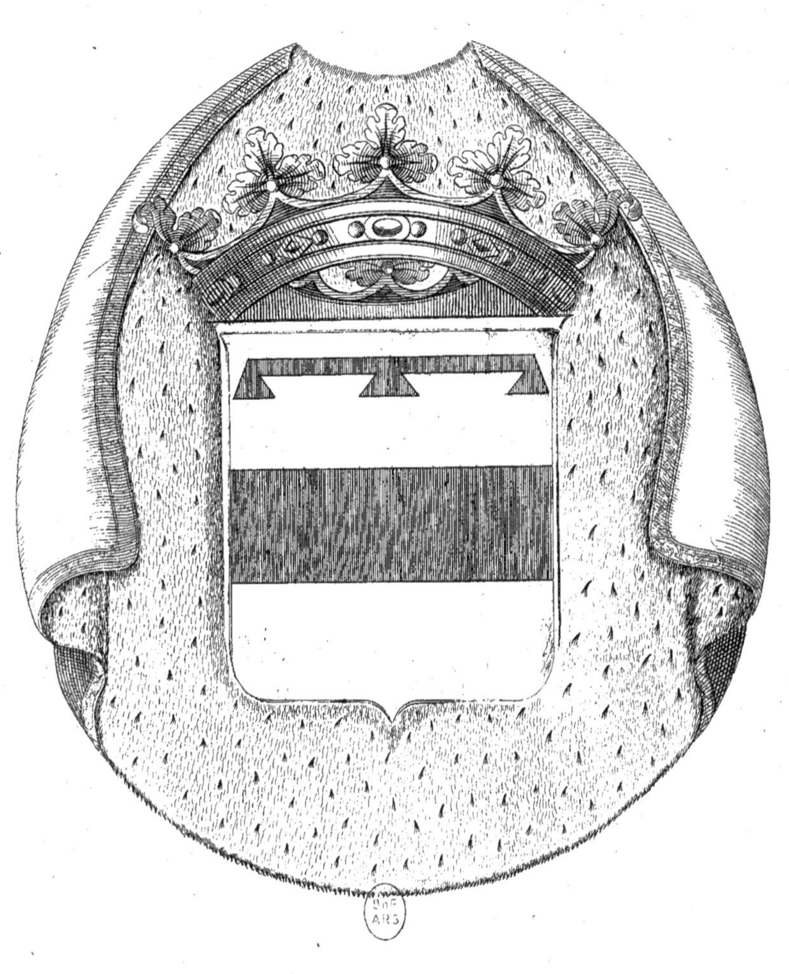

le Duc de Charôt

le C.^{al} de Noailles

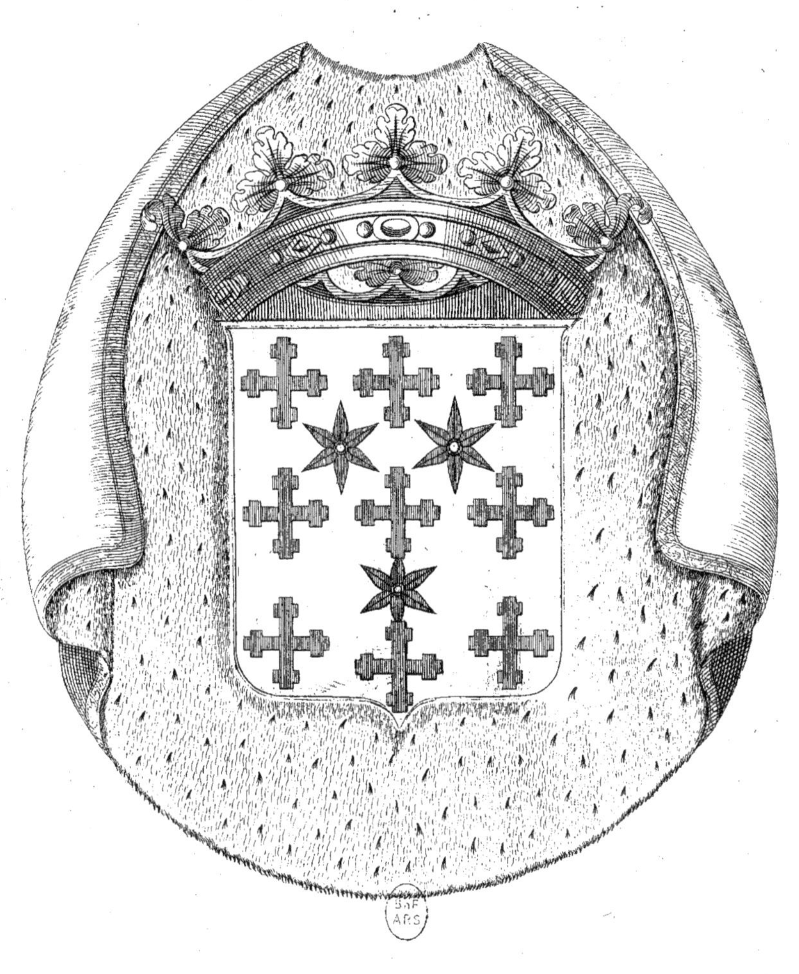

le Duc de Bouflers

le M^{al} Duc de Vilars

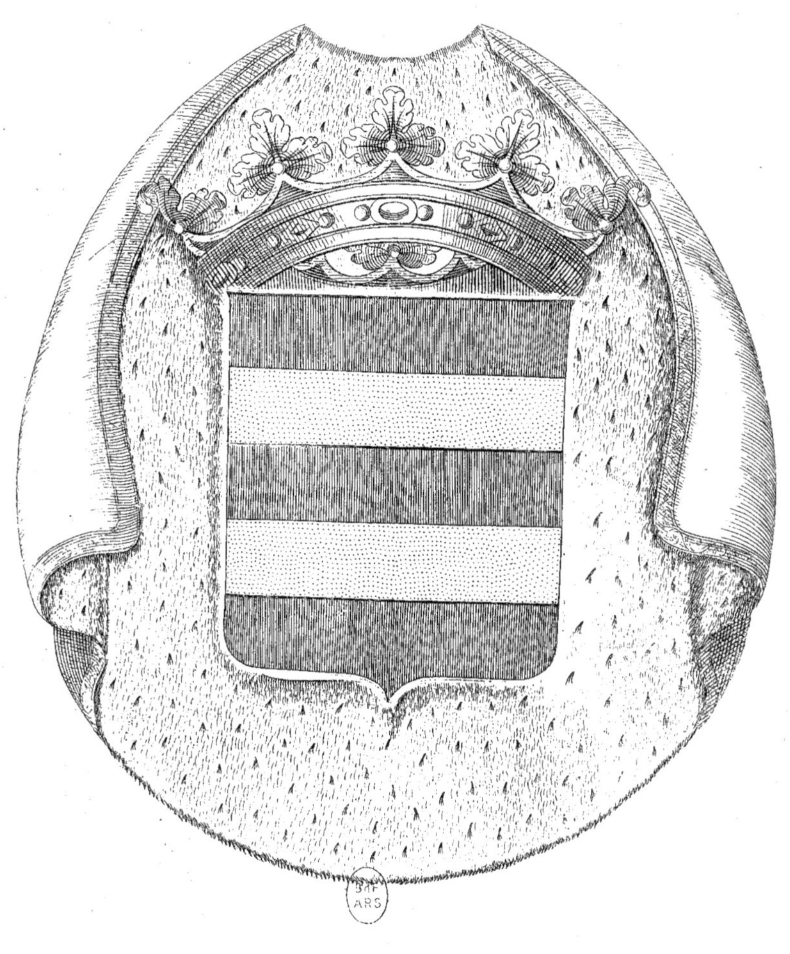

le Duc d'Harcour

Le Mal Duc de Bervick

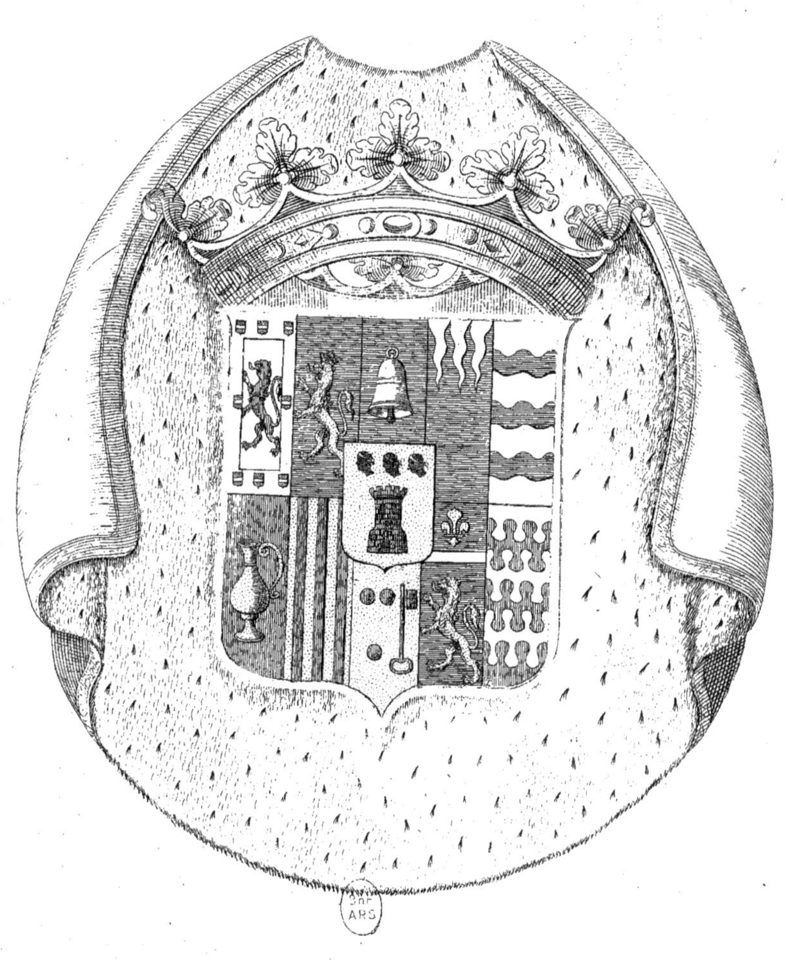

le Duc d'Antin

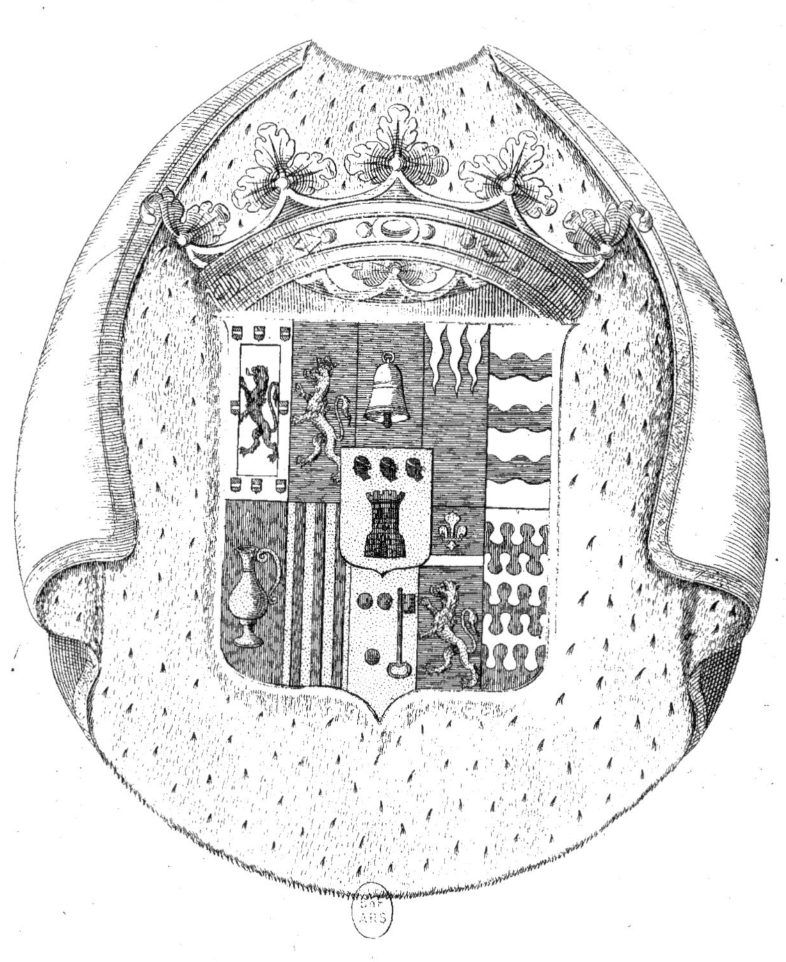

le Duc d'Epernon

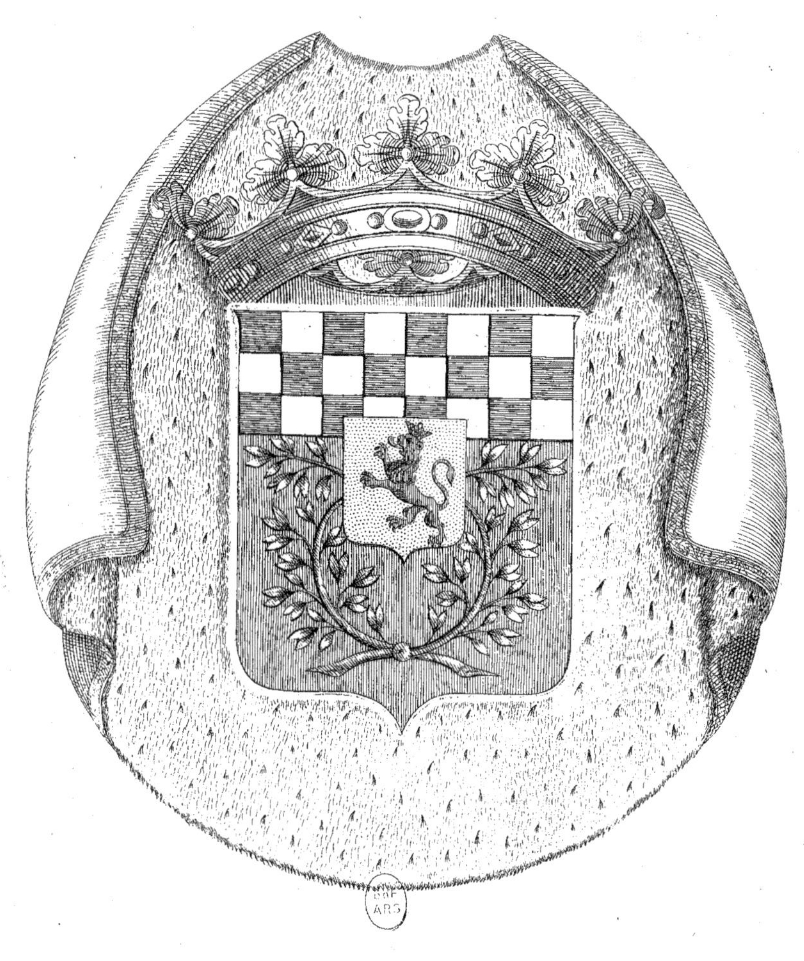

le Duc de Chaunes

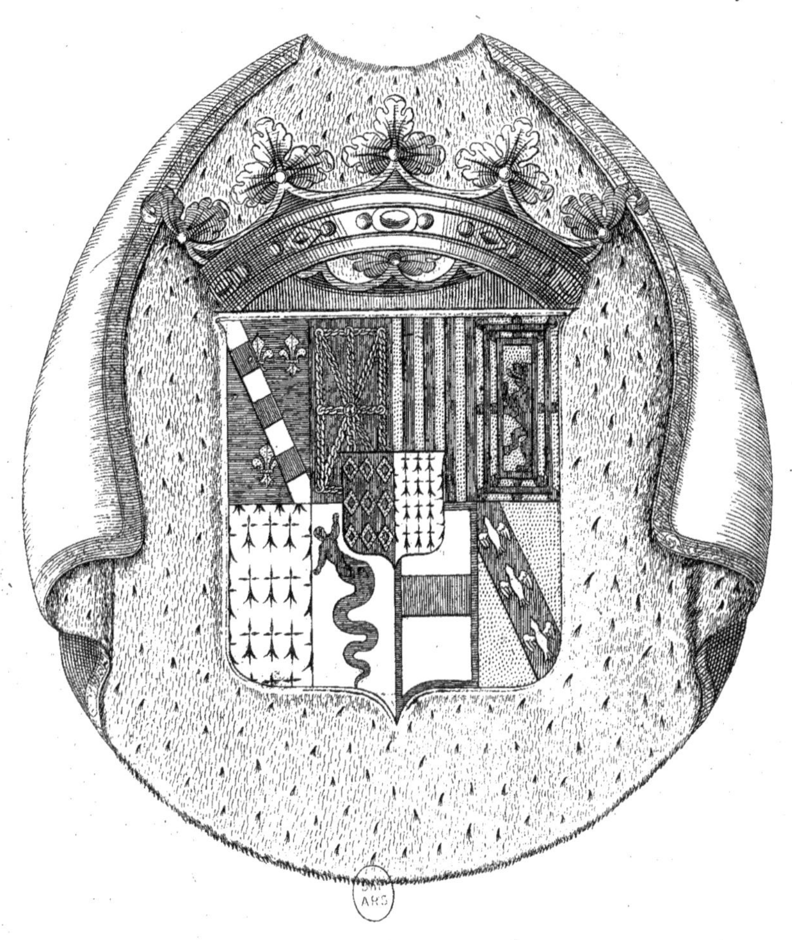

le Prince de Rohan

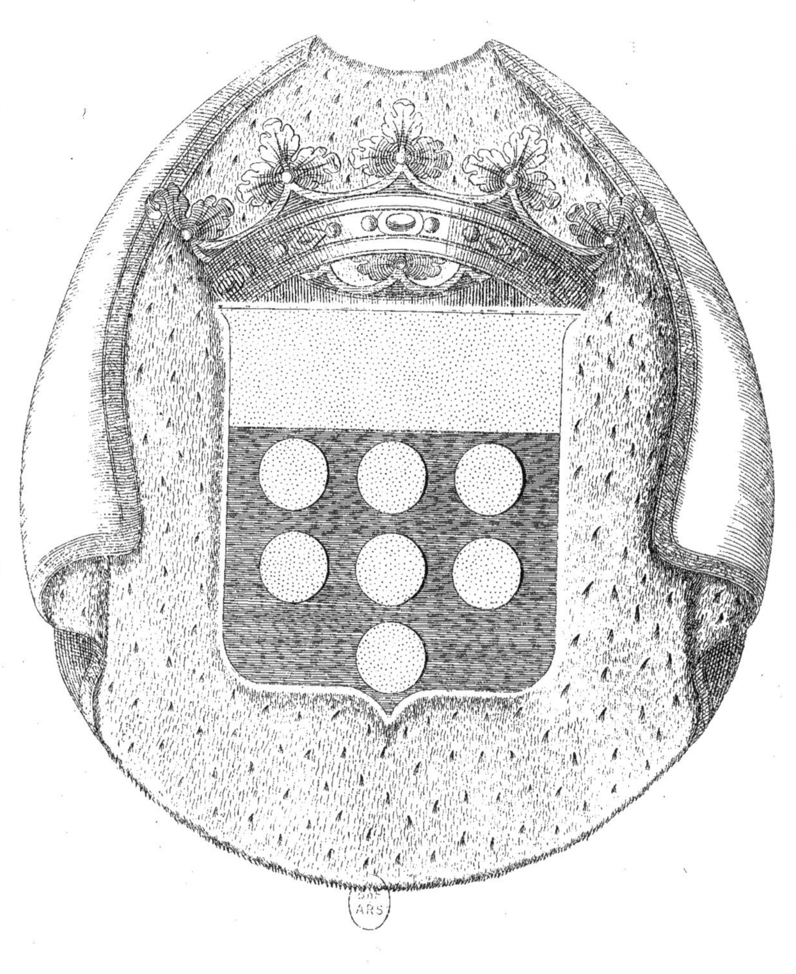

le Duc de Melun

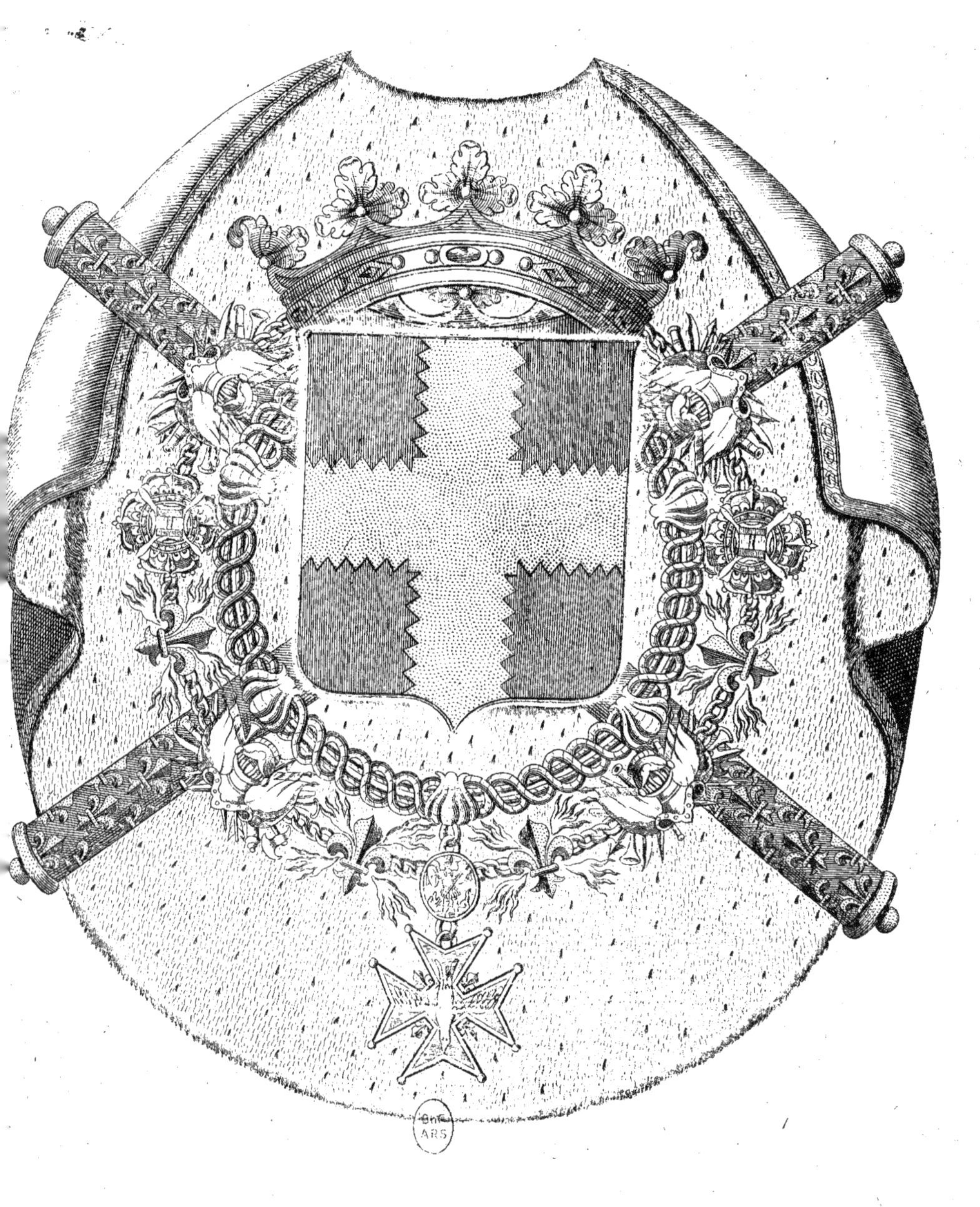

le M.^{al} Duc de Talart

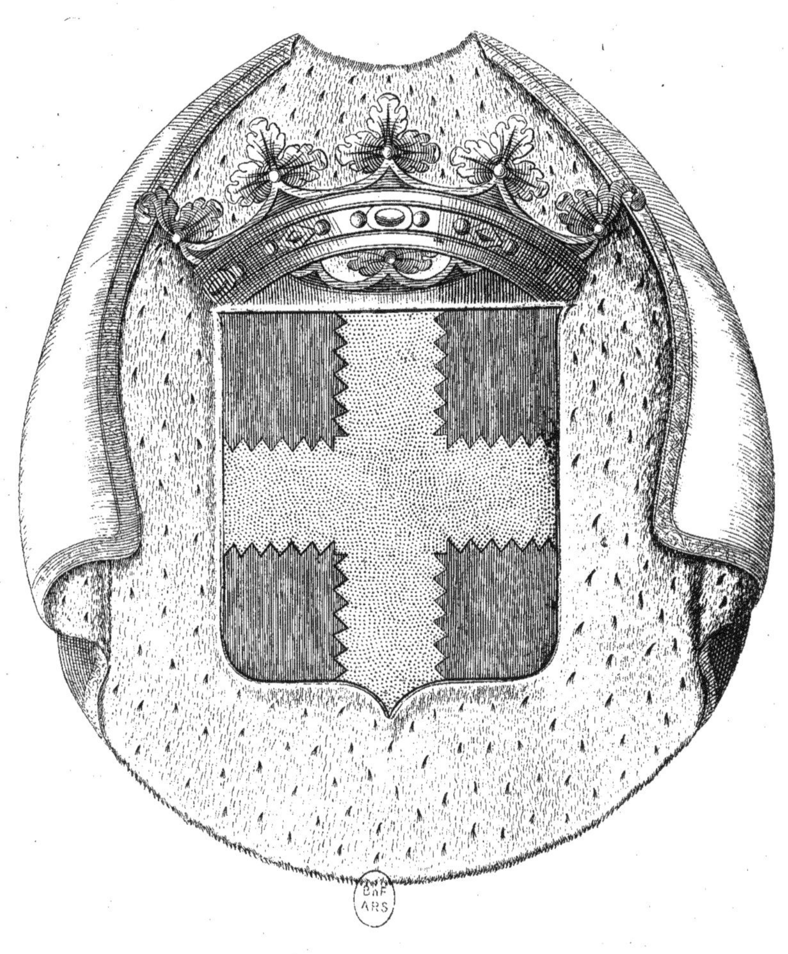

le·Duc de·Talard

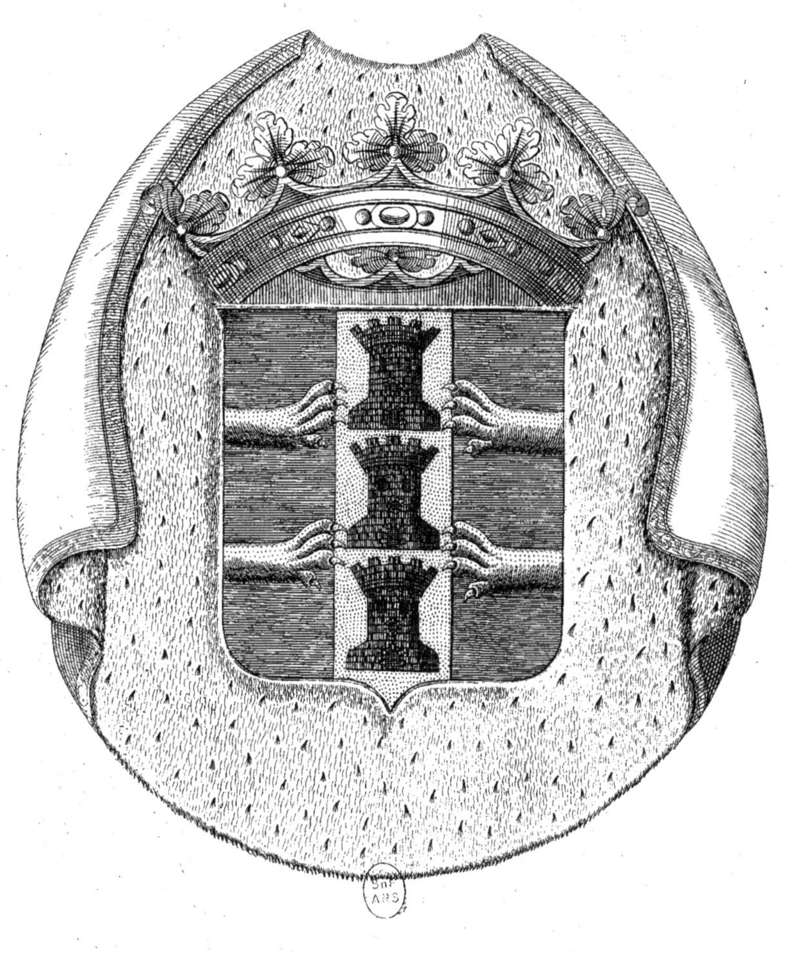

le Duc de Brancas

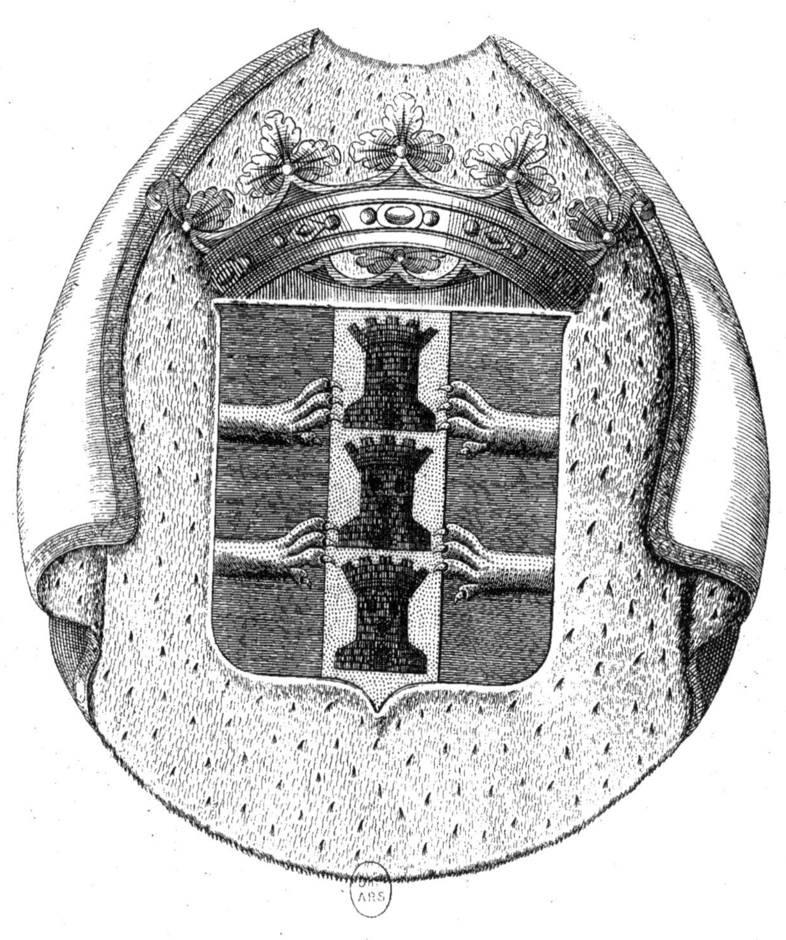

le Duc de Vilars-Brancas

le Duc de la Feuillade

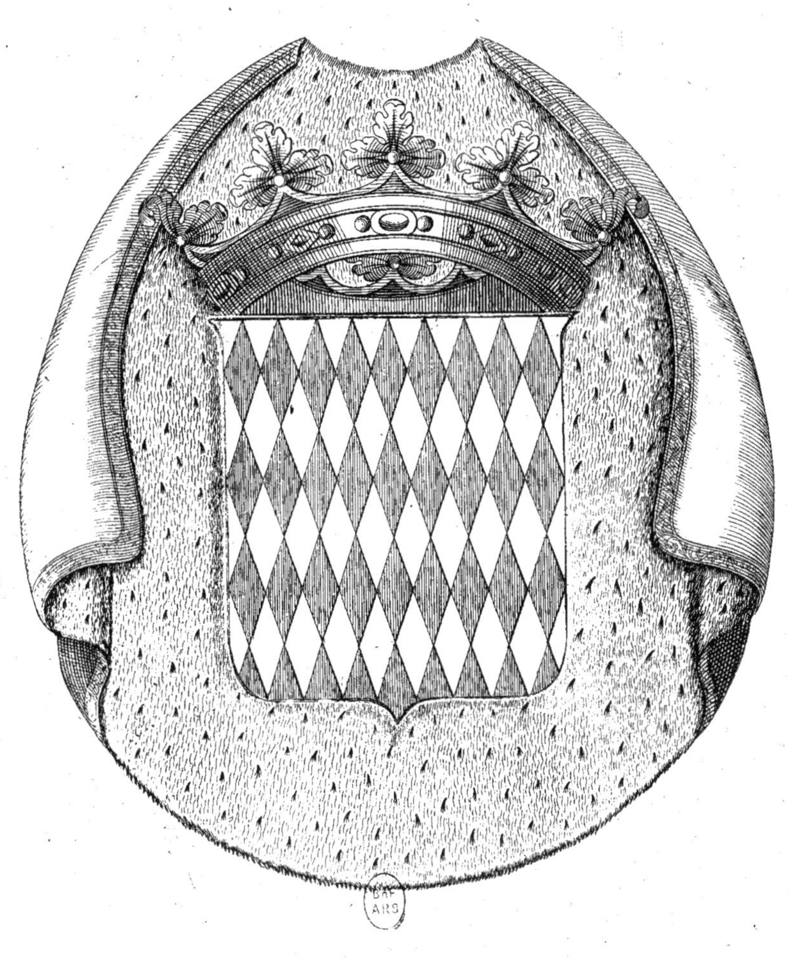

le Prince de Monaco

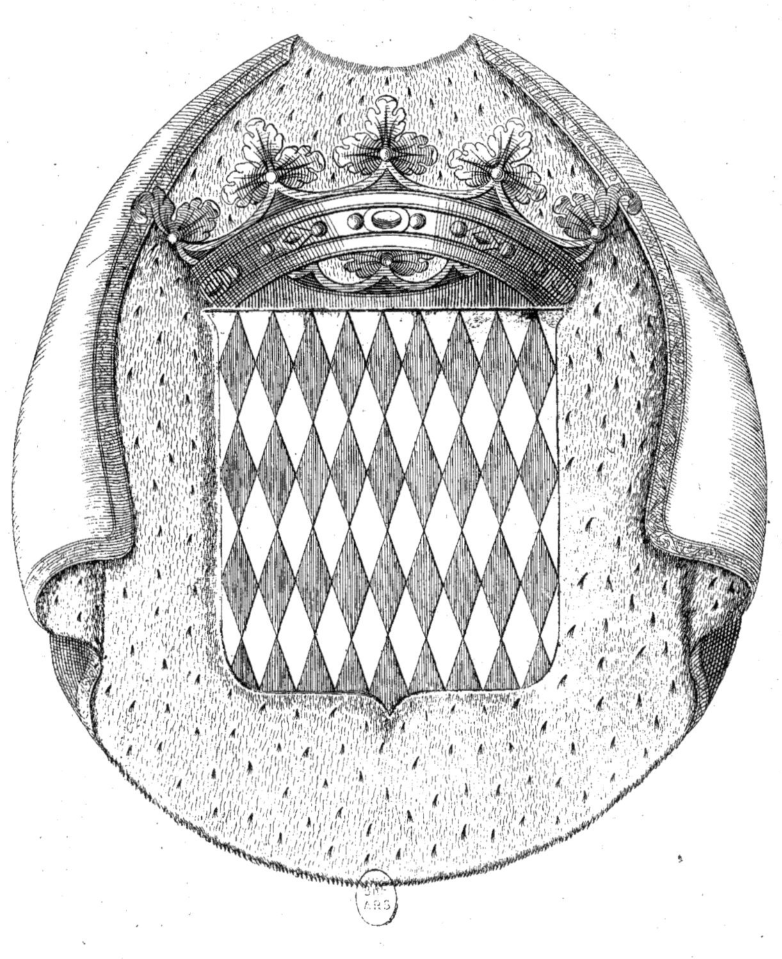

le Duc de Valantinois

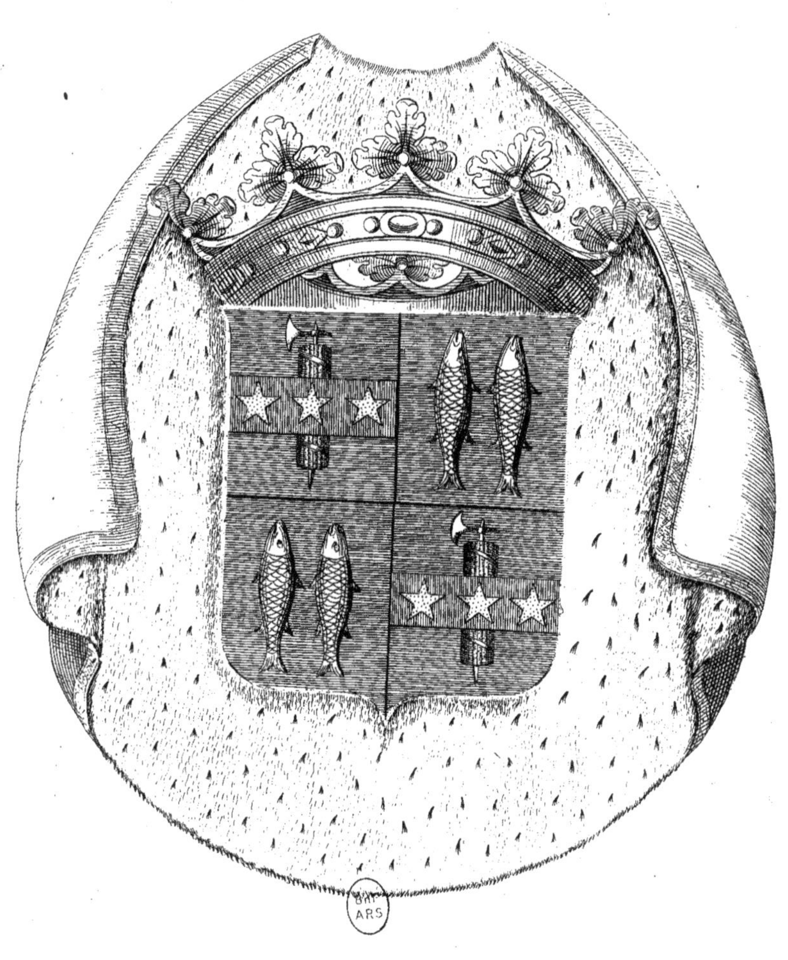

le Duc de Nevers

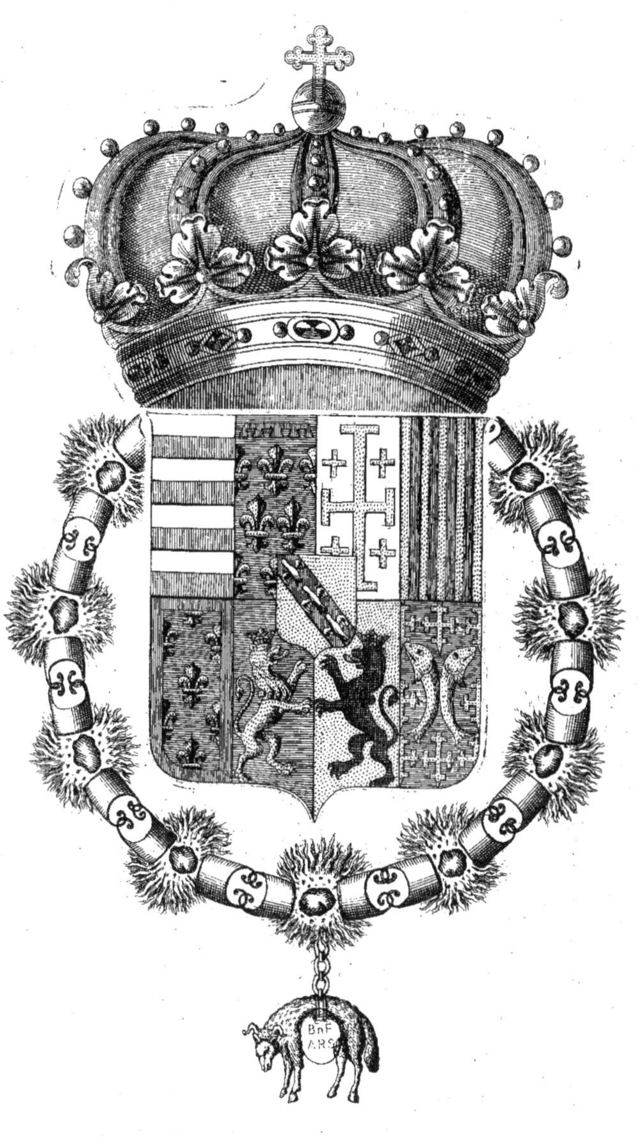

le Duc de Loraine

Le Duc de Montfort

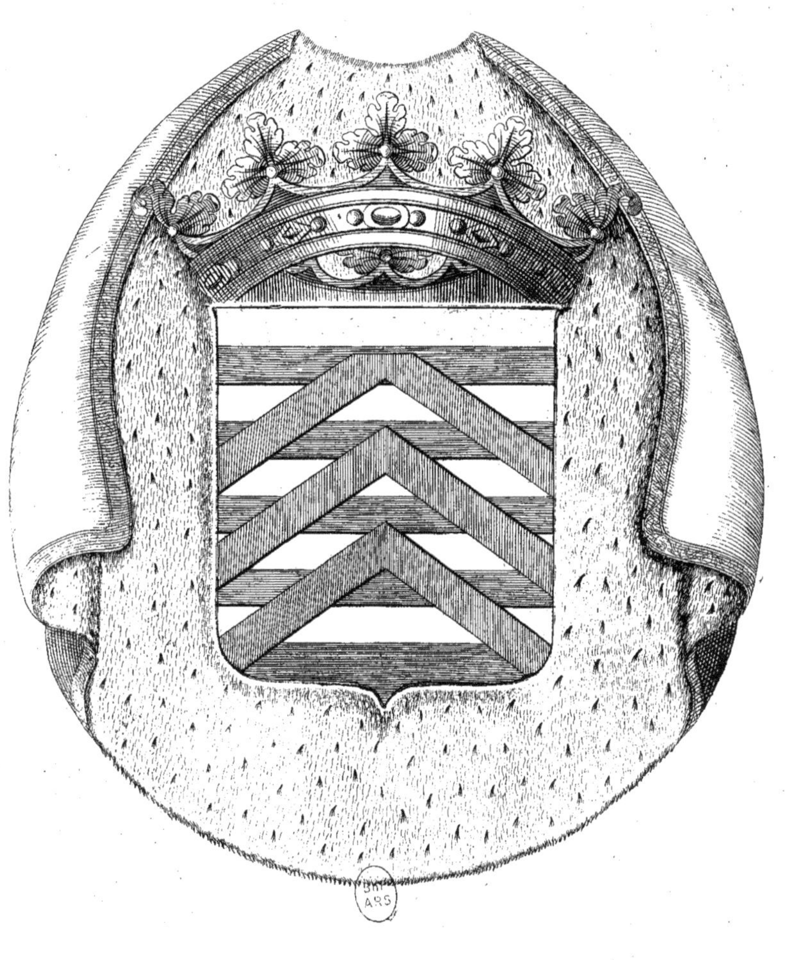

le Duc de la Rocheguion

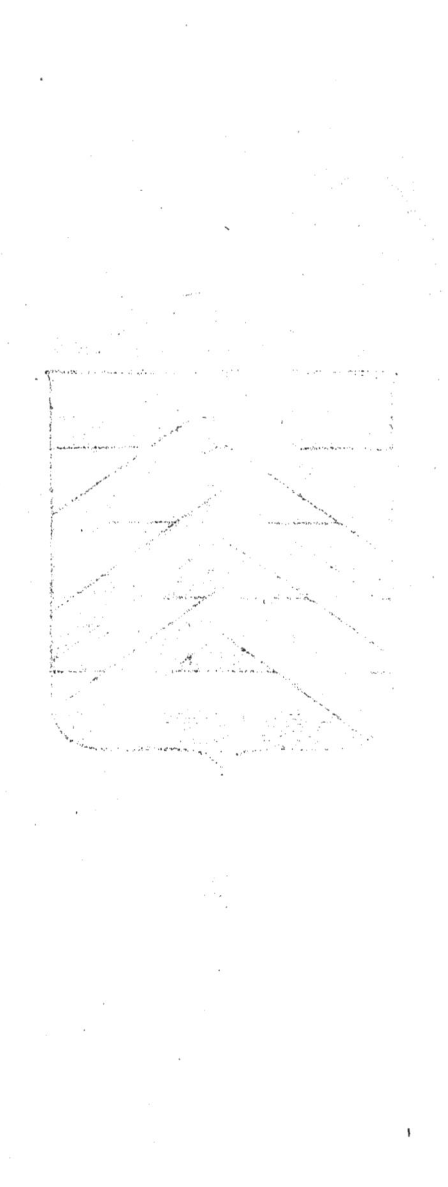

le Duc de Monmoranci

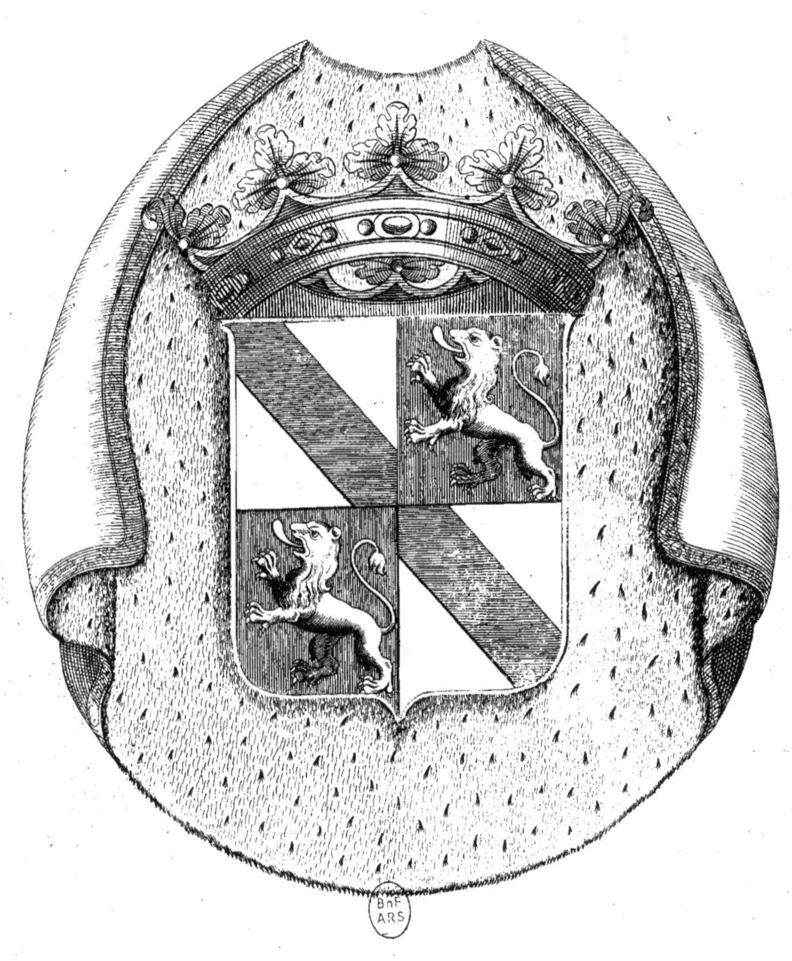

le Duc de Duras

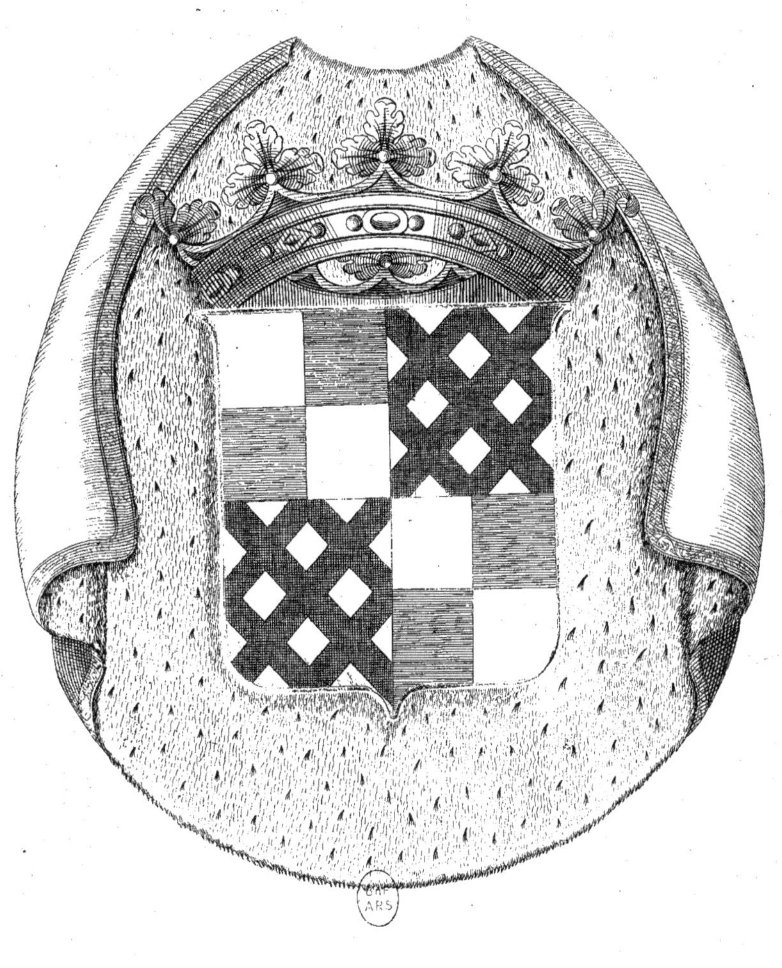

le Duc d'Humières

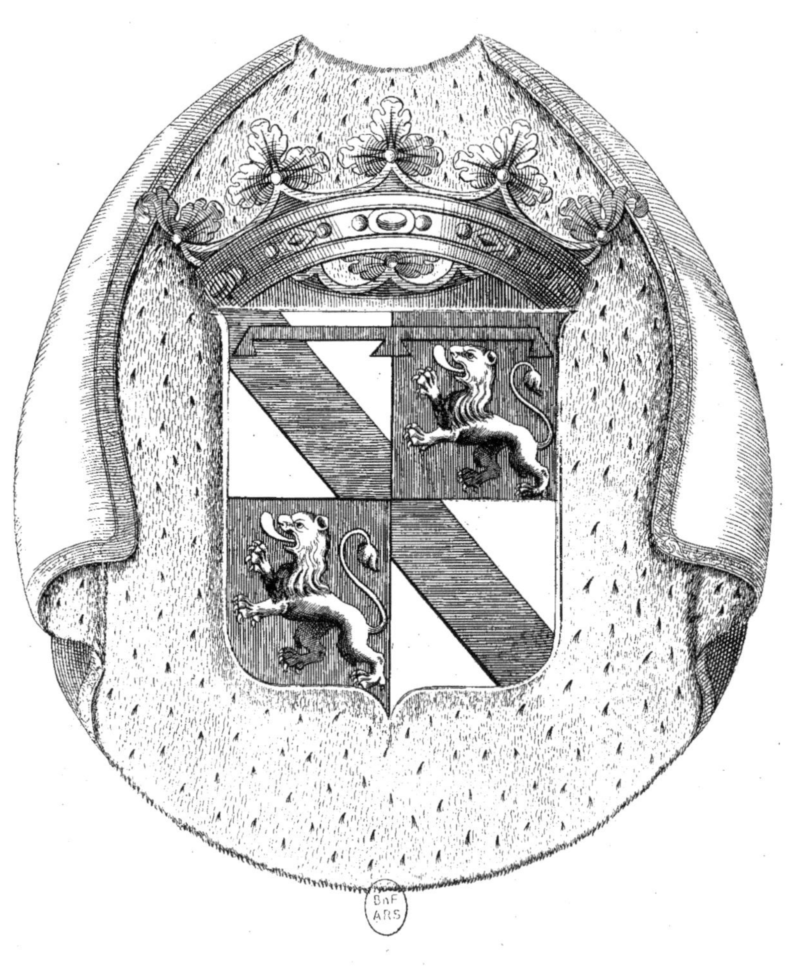

le Duc de Lorge

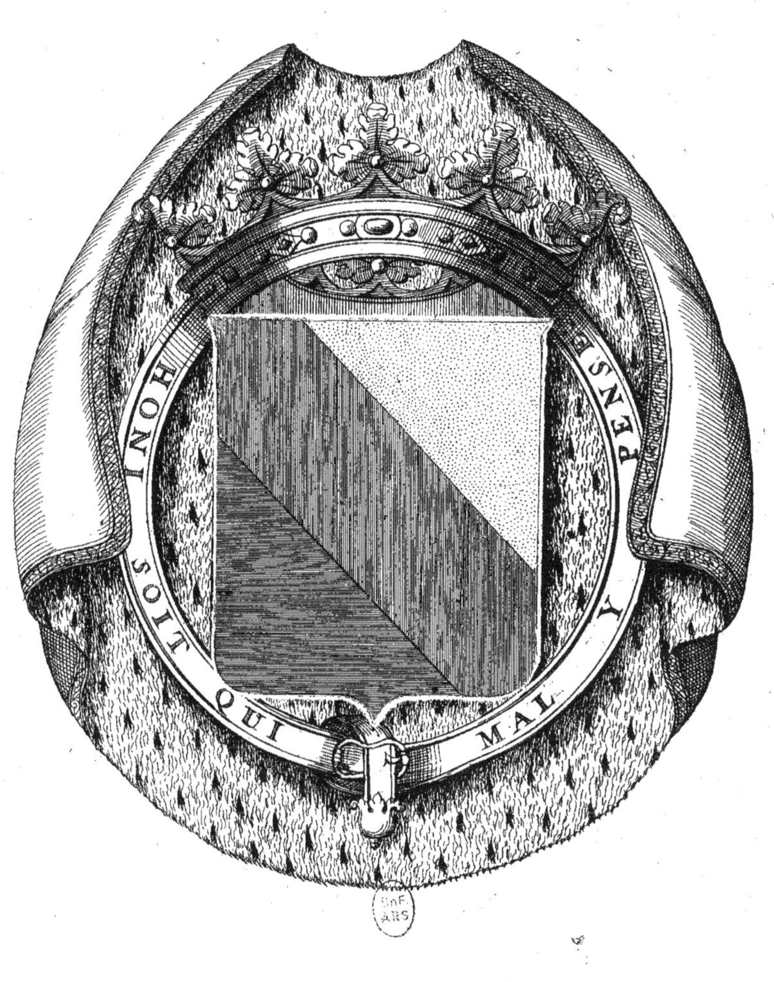

le Duc de Lauzun

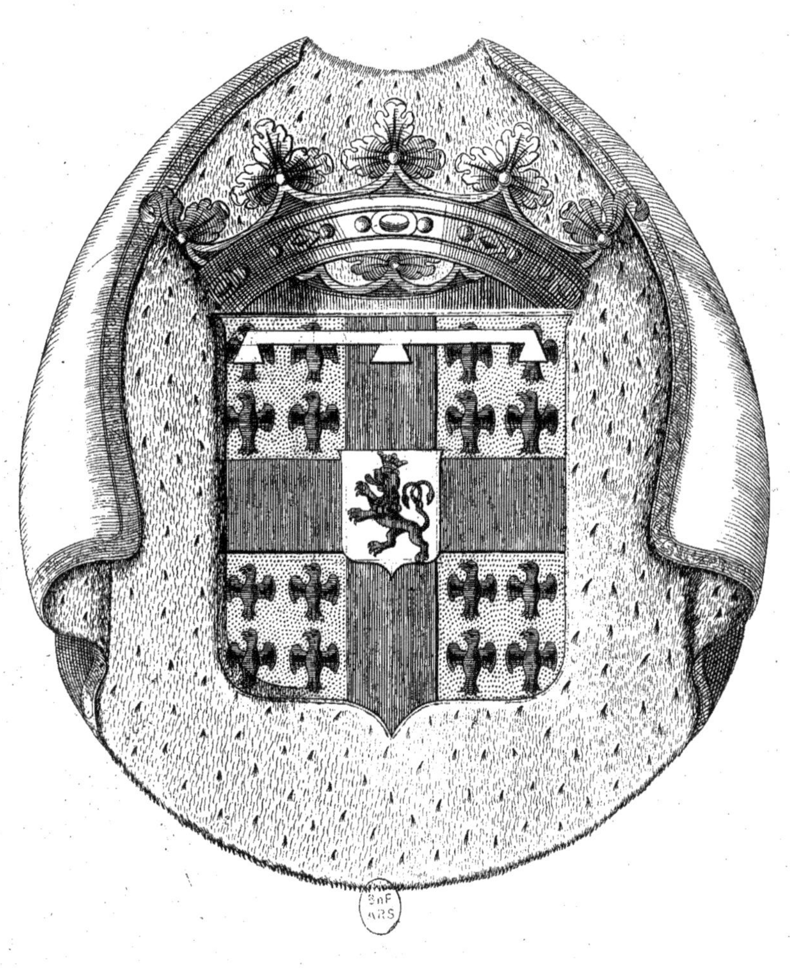

le Duc de Châtillon

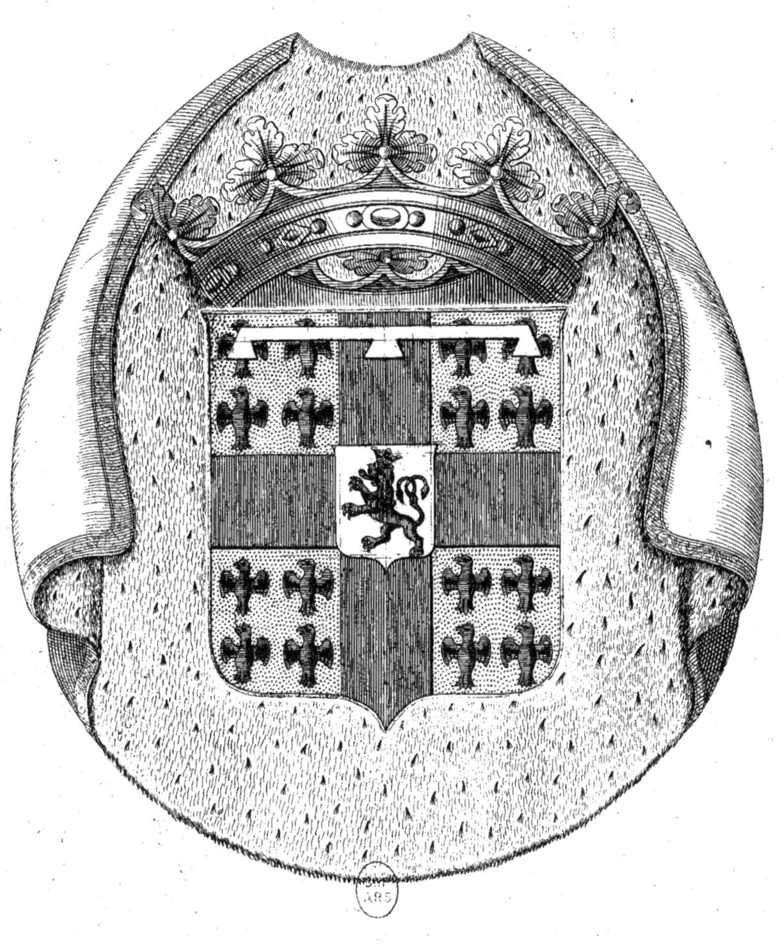

le Duc d'Olone

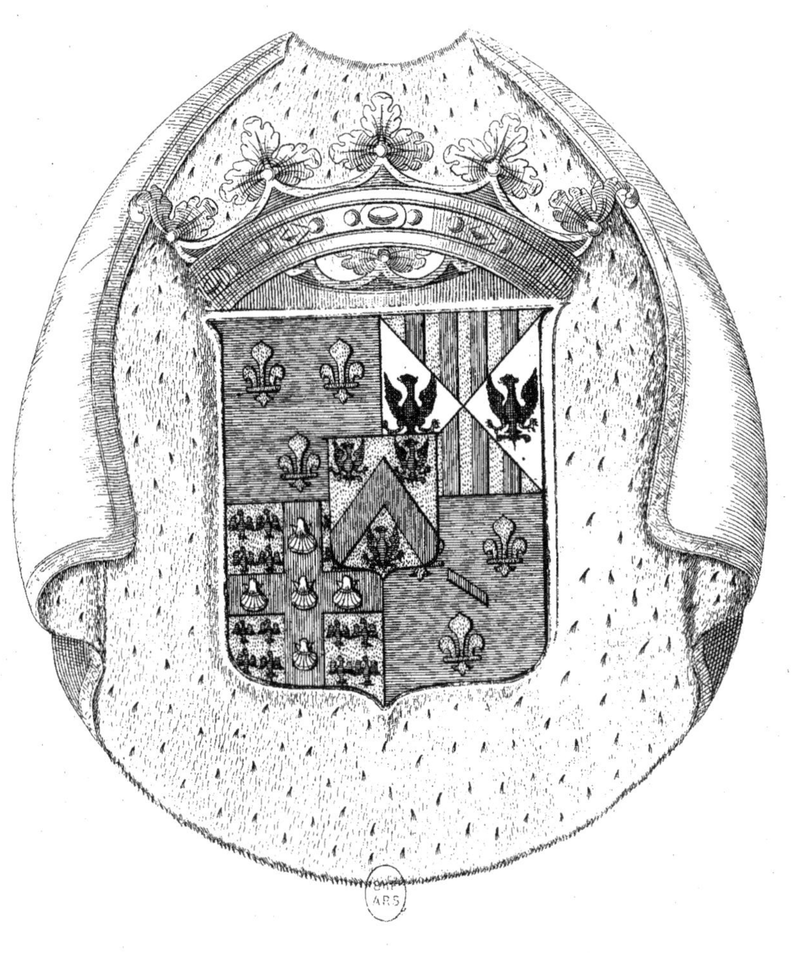

le Duc de Noirmoutier

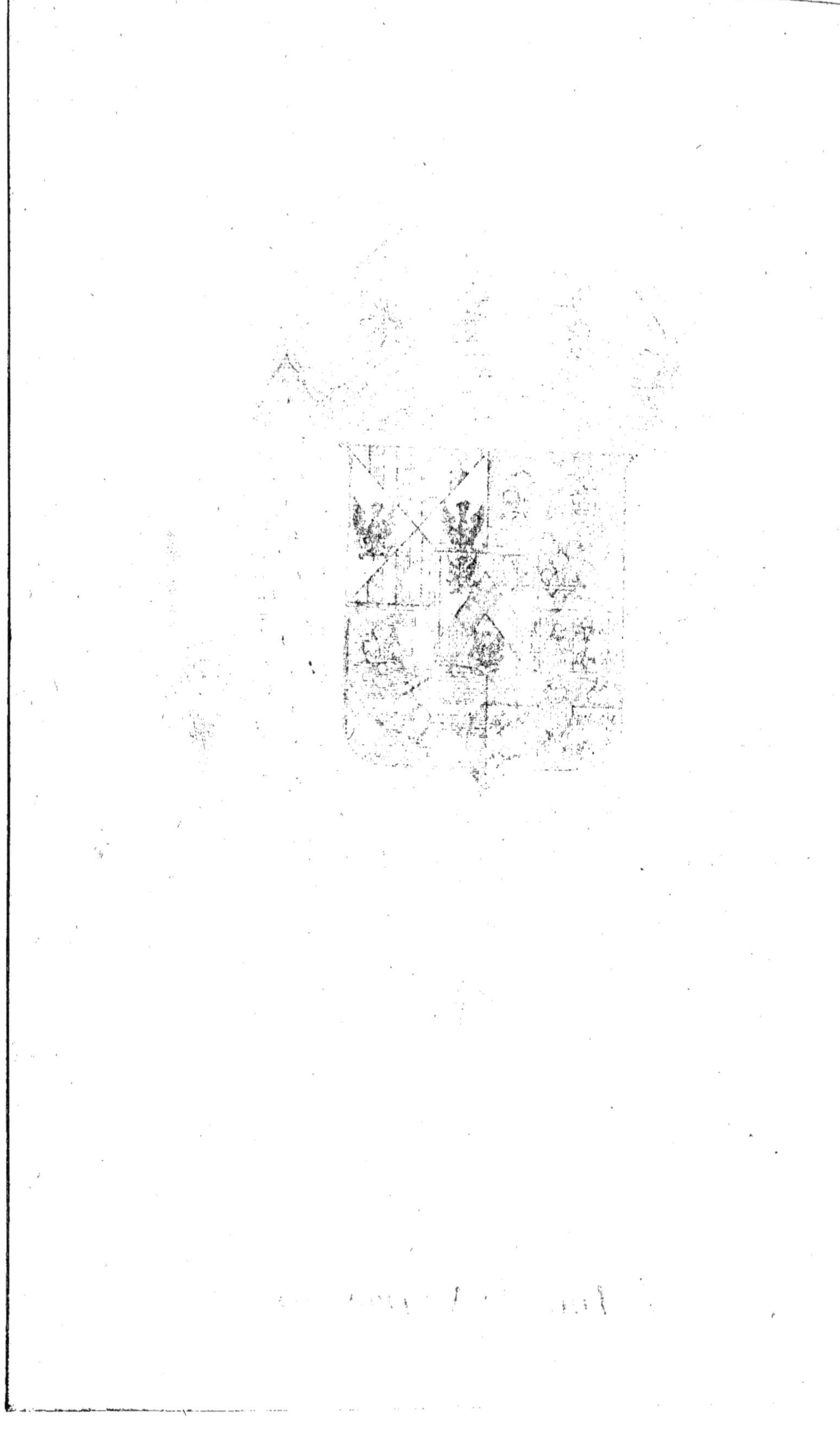

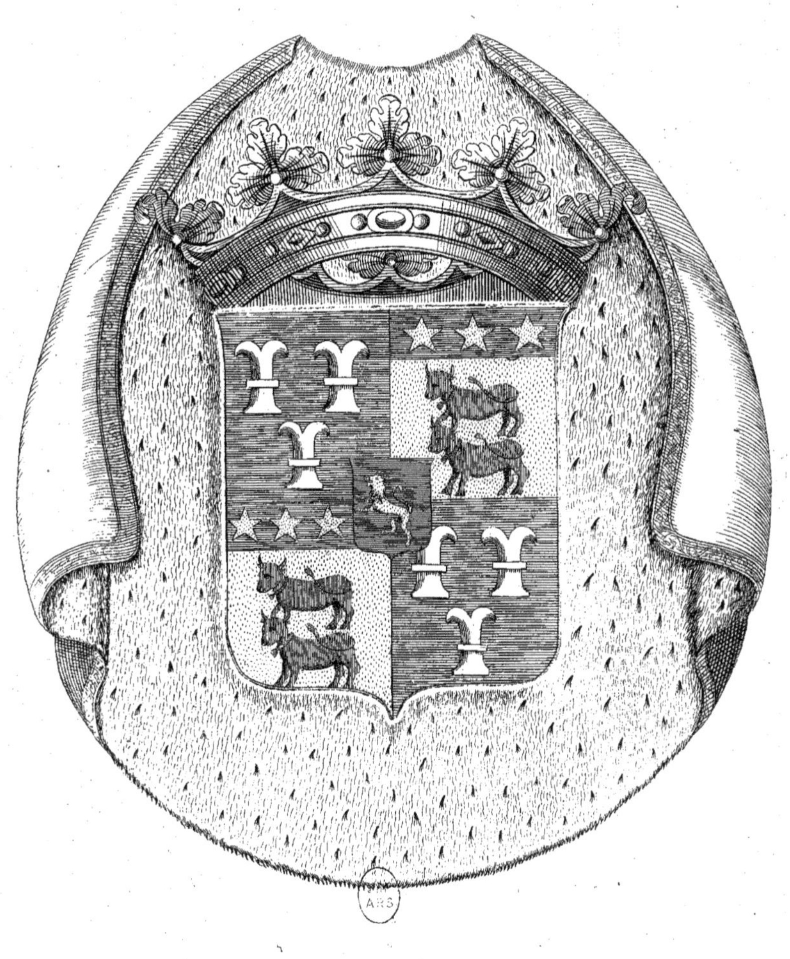

le Duc de Roquelaure

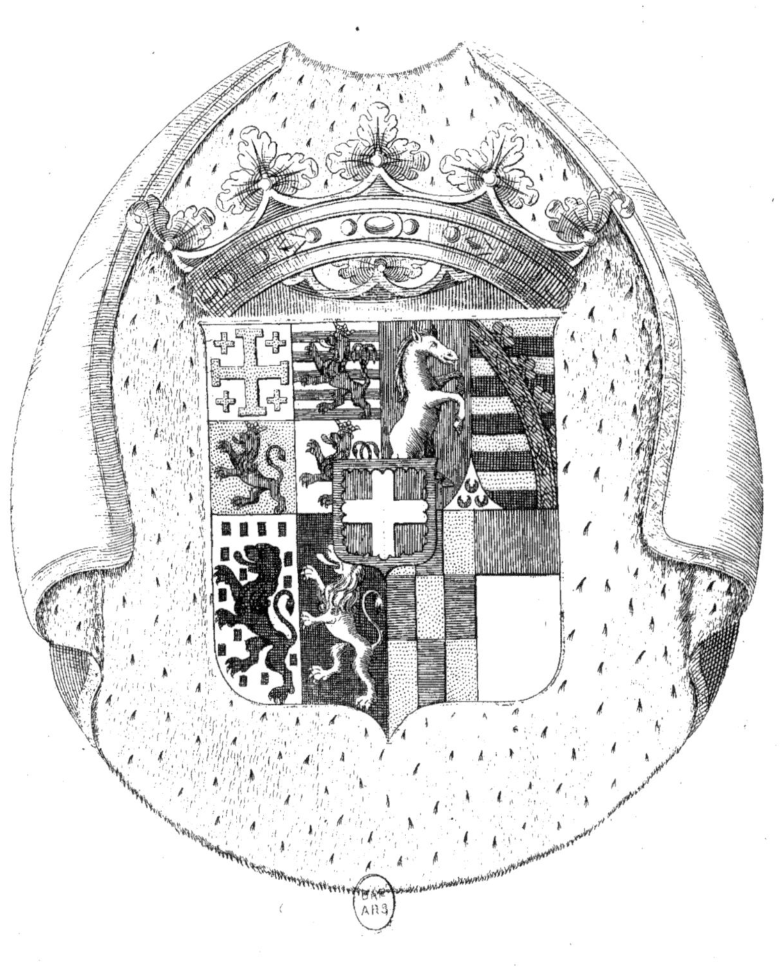

le Prince Emanuel de Savoie

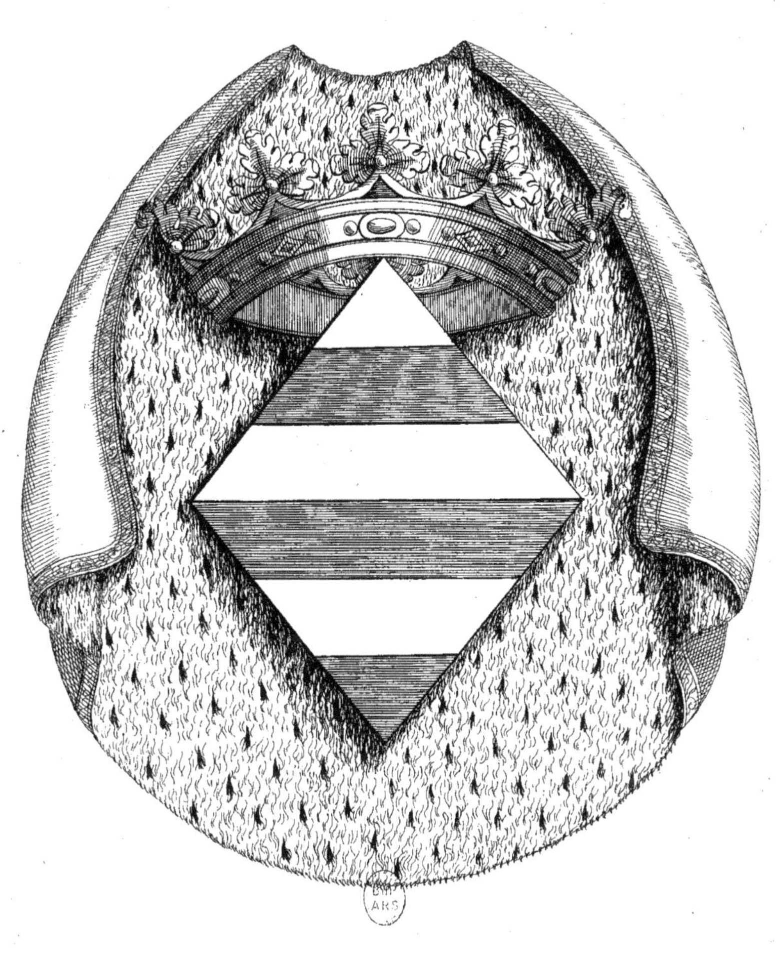

la Duchesse de Porsemout

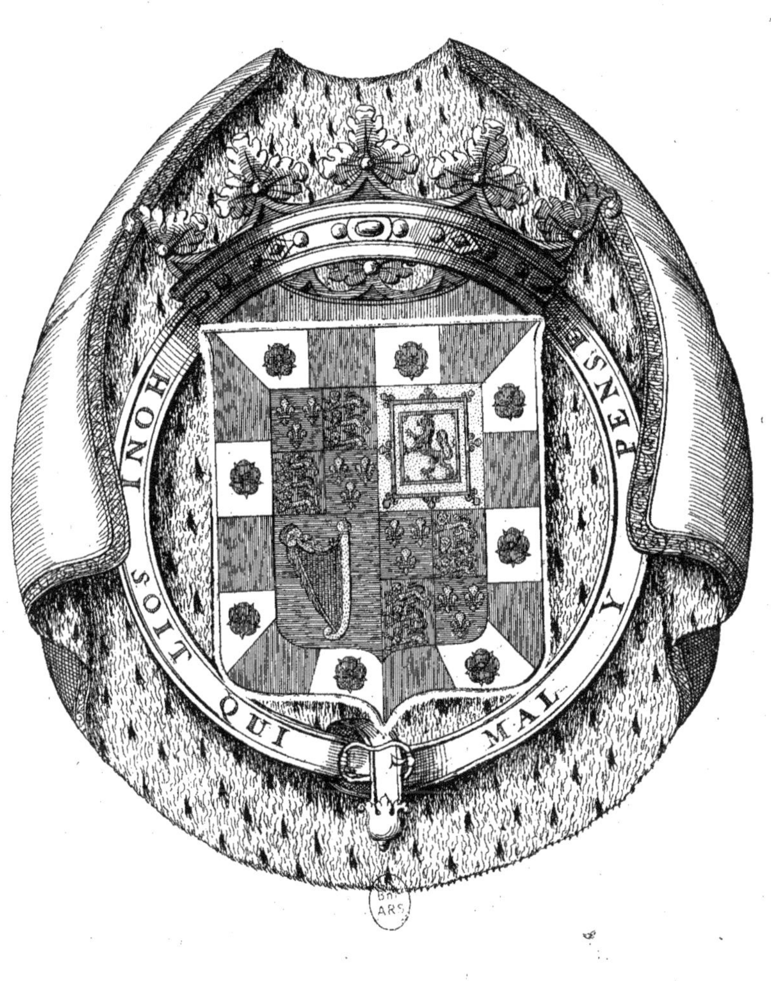

le Duc de Richemont

ARMOIRIES

DE CEUS QUI JOUISSENT DES

HONEURS DU LOUVRE,

En Juillet 1722

Sans avoir de Duché en France.

Le Marèchal d'ETRE'ES.
Il eſt Grand d'Eſpagne.

Par une convantion faite en 1701. antre le Roi, & le Roi d'Eſpagne, les Ducs de France jouïſſent en Eſpagne des privilèges des Grans; & les Grans d'Eſpagne jouïſſent en France des honeurs du Louvre.

Le Marèchal de TESSE'.

Il ètoit Grand d'Eſpagne, & quoiqu'il ait cèdé la Grandeſſe à ſon Fils aîné, avec la permiſſion des deus Rois, il jouït toujours des honeurs atachés à la Grandeſſe.

Le Conte de TESSE'.

Le Conte d'EGMONT.

Les Contes d'Egmont jouïſſoient en France des honeurs du Louvre avant la Convantion de 1701.

Le Prince de ROBEC.

Il jouïſſoit des honeurs du Louvre avant que d'être Grand d'Eſpagne.

Le Prince d'ISANGUIEN.

Le feu Roi acorda au Père du Prince d'Iſanguien les honeurs du Louvre ſa vie durant, & après ſa mort le Roi les acorda au Fils.

Le Prince de T A L E M O N T.

Les Fils aînés des Ducs de la Trimouille jouïſſent des honeurs du Louvre, &
le Prince de Talemont, qui n'eſt que cadet, jouït des mêmes honeurs par une
grace particulière du feu Roi.

Le Marquis de R u f e c.

En Janvier 1722. le Roi d'Eſpagne lui acorda la Grandeſſe : Il eſt ſecond fils
du Duc de S. Simon.

Le Prince de C h a l a i s.

Il eſt Grand d'Eſpagne.

Le Conte de la M o t e H o u d a n c o u r.

Il eſt Grand d'Eſpagne.

al d'E...

le, M.^{al} de Tessé

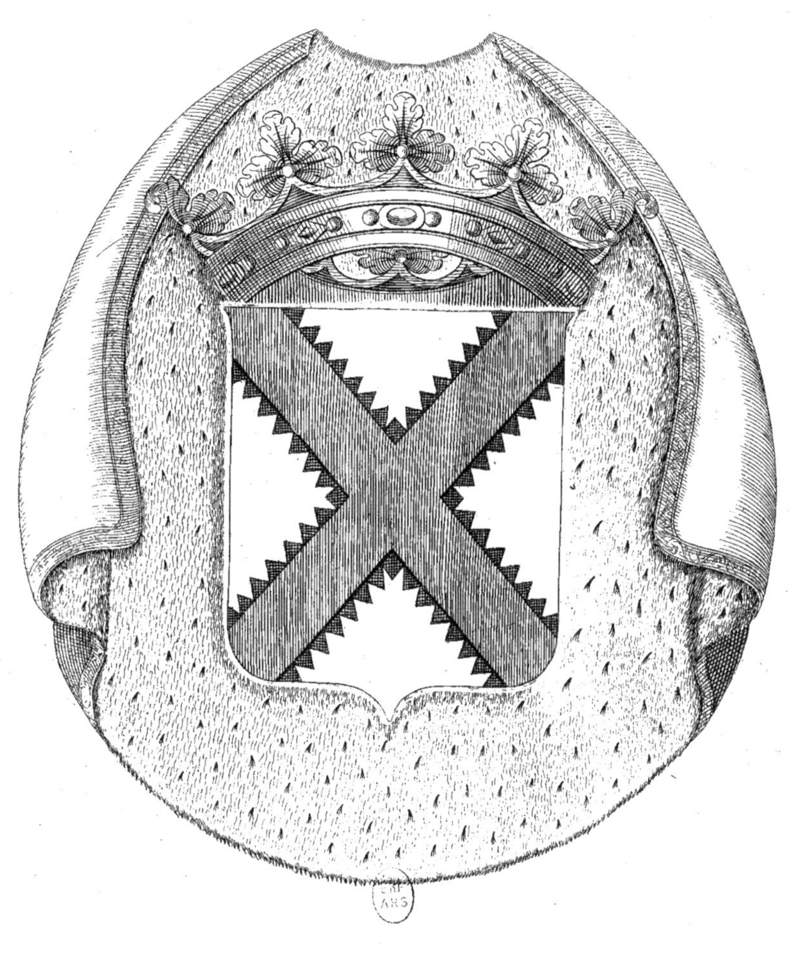

le Conte de Tessé

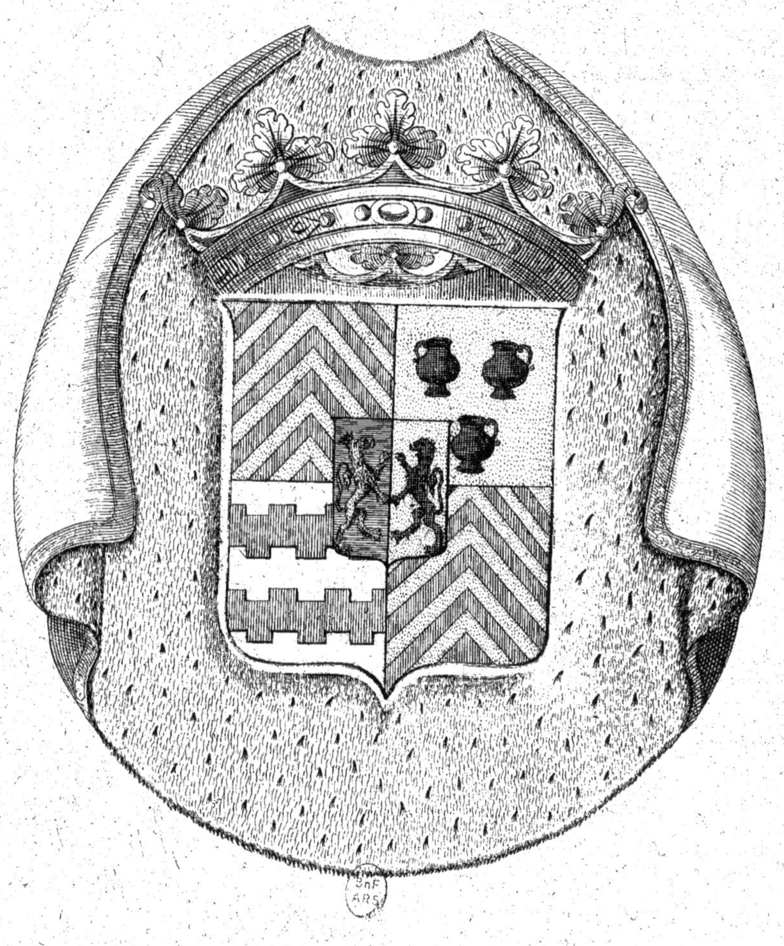

le Conte d'Egmont

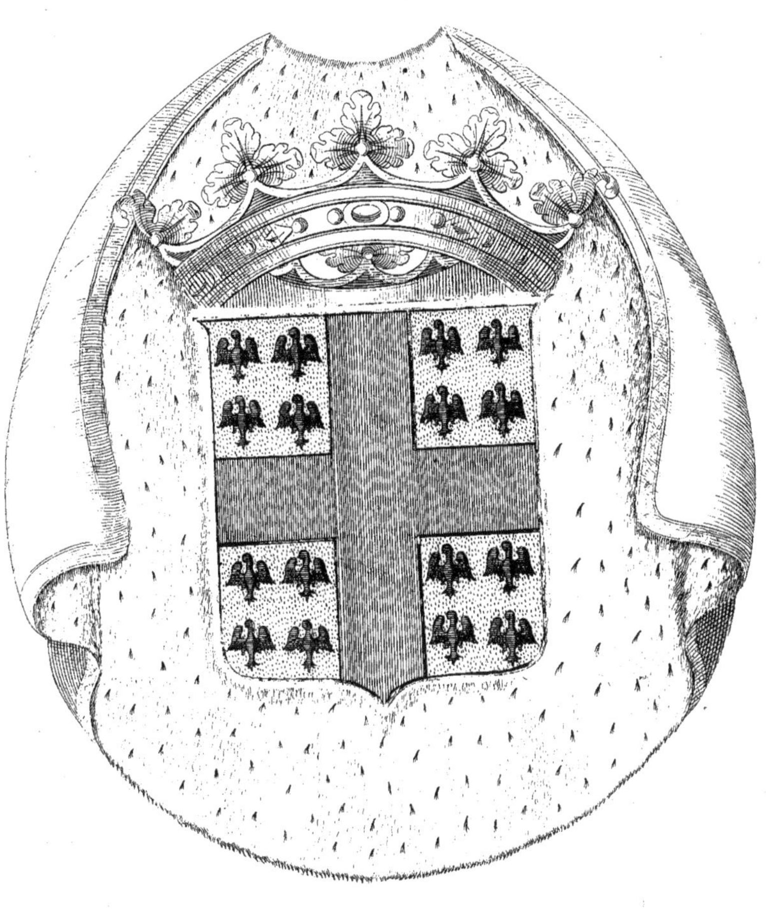

le Prince de Robec

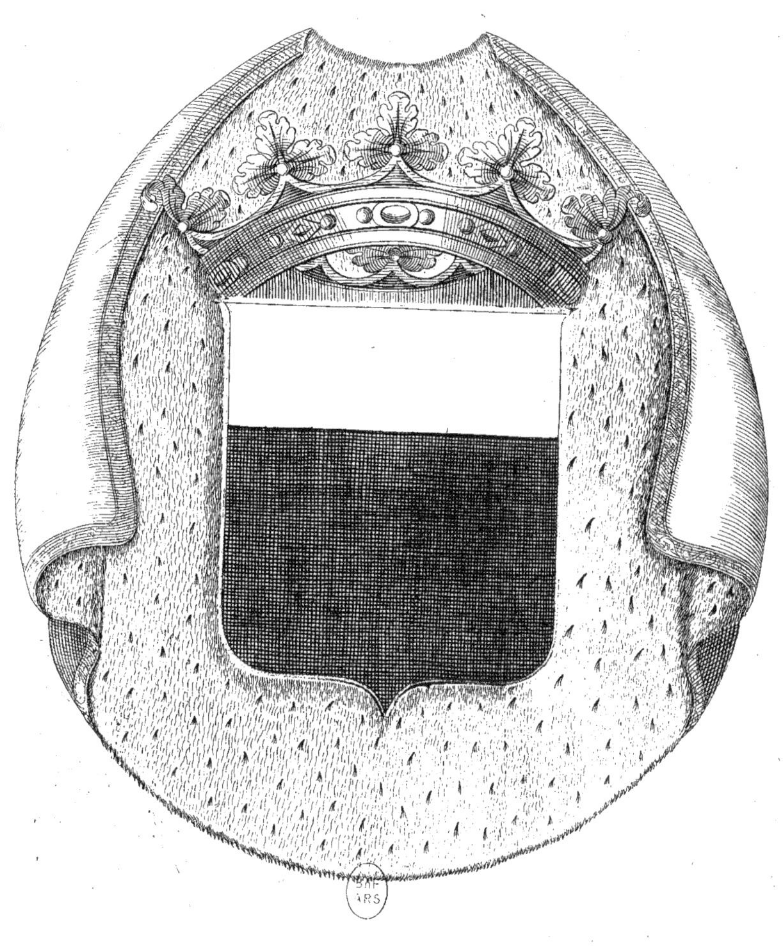

le Prince d'Isanguien

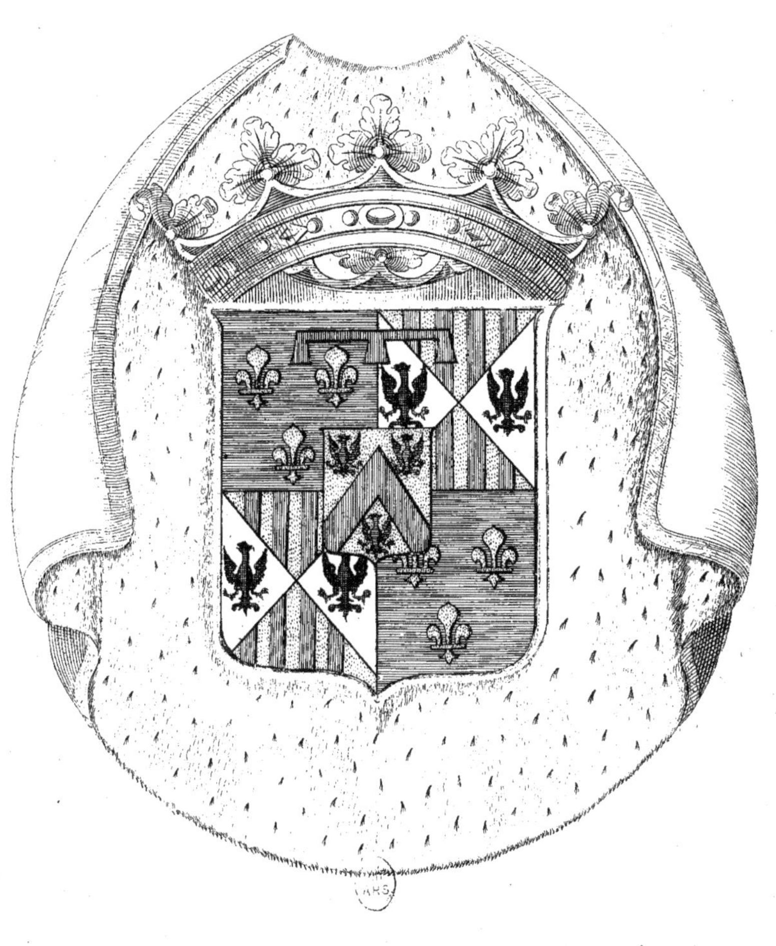

le Prince de Talemont

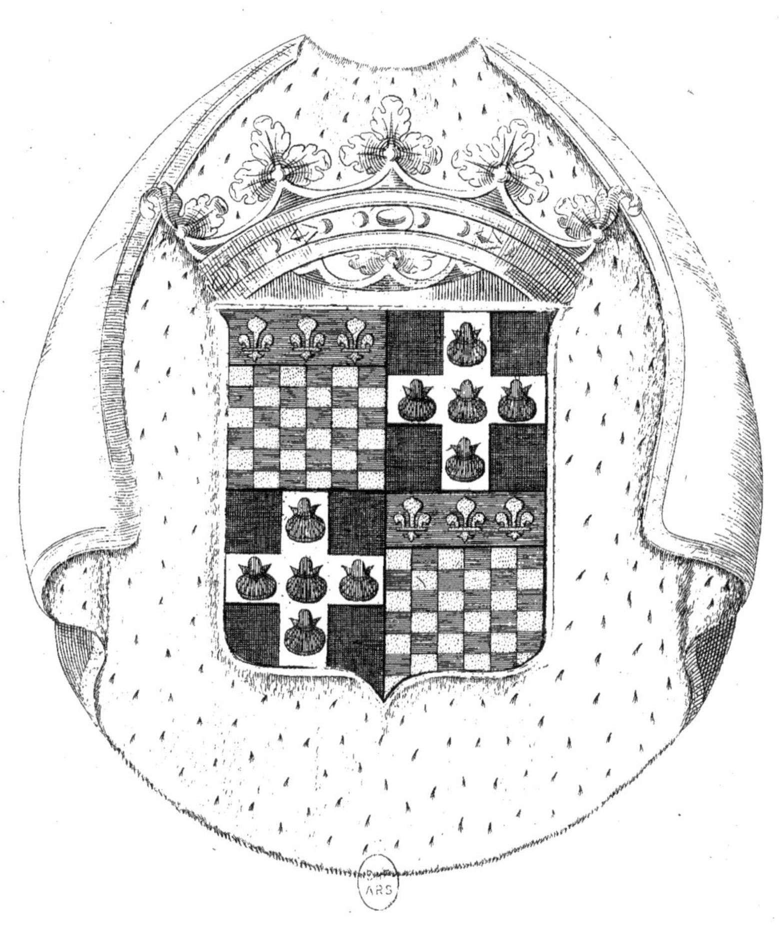

le Mis de Rufec

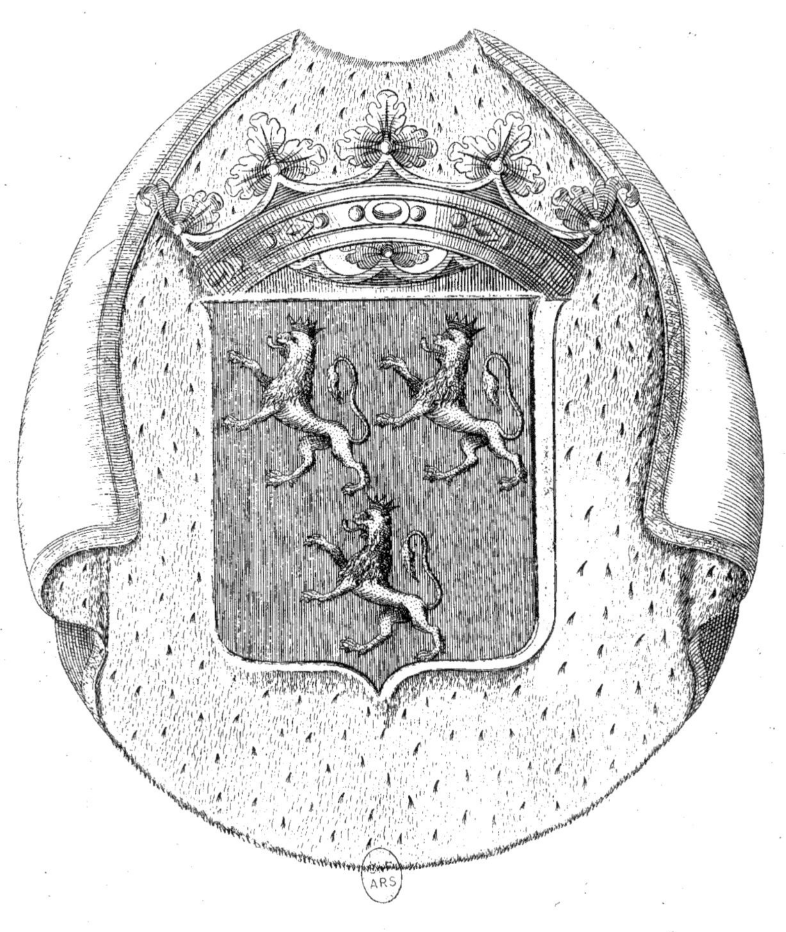

le Prince de Châlais

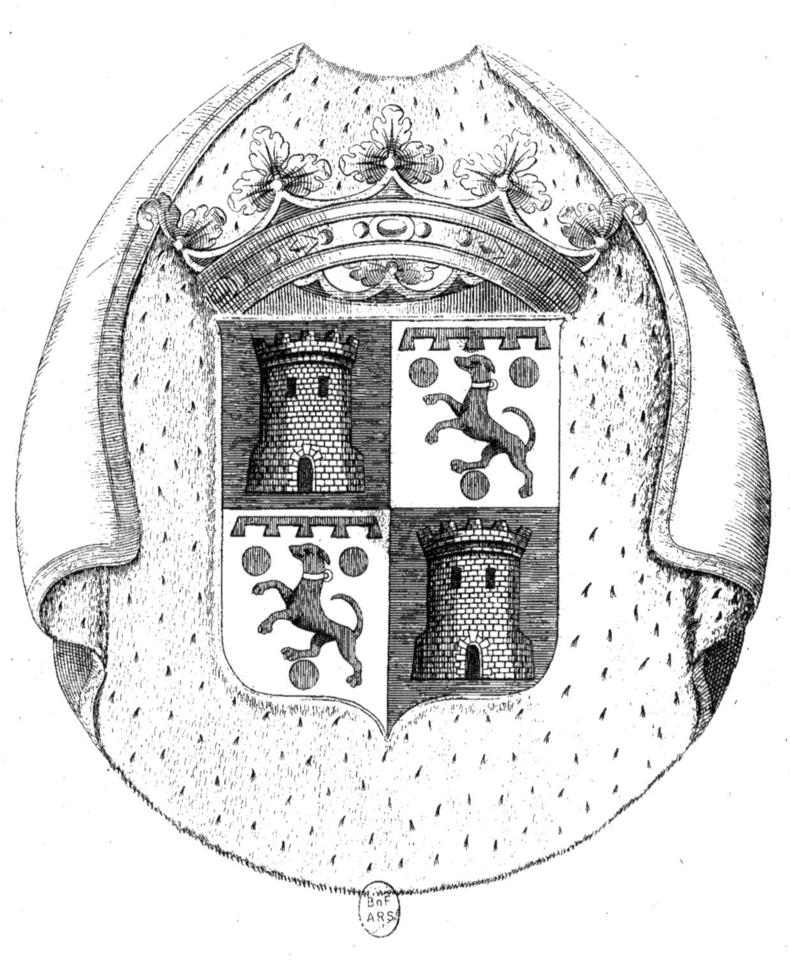

Le Comte de la Mote-Houdancour.